国家电网国际化发展探索与研究

朱光超　主编

中国电力出版社
CHINA ELECTRIC POWER PRESS

图书在版编目（CIP）数据

国家电网国际化发展探索与研究 / 朱光超主编. —北京：中国电力出版社，2021.12
ISBN 978-7-5198-6146-9

Ⅰ. ①国… Ⅱ. ①朱… Ⅲ. ①电力工业–国际化–研究–中国 Ⅳ. ①F426.61

中国版本图书馆 CIP 数据核字（2021）第 227975 号

审图号：GS（2021）6606 号

出版发行：中国电力出版社
地 址：北京市东城区北京站西街 19 号（邮政编码 100005）
网 址：http://www.cepp.sgcc.com.cn
责任编辑：周天琦（010-63412243）
责任校对：黄 蓓 郝军燕
装帧设计：张俊霞
责任印制：钱兴根

印 刷：河北鑫彩博图印刷有限公司
版 次：2021 年 12 月第一版
印 次：2021 年 12 月北京第一次印刷
开 本：787 毫米×1092 毫米 16 开本
印 张：14.125 插 页 1
字 数：197 千字
定 价：125.00 元

《国家电网国际化发展探索与研究》

编　委　会

主　编　朱光超

副主编　山社武　胡玉海　贾志强　于　军　余　军
　　　　李晨光　李向阳

委　员　马　莉　韩　勇　李　杨　李　明　夏　雪
　　　　翁　强　董　杨　王兴雷　王远航　甘向阳
　　　　于　冰　李双涛　何大勇　余子牛　王可迪
　　　　于乃春　陈　洁　王　莹　李鸿雁　阙呈新
　　　　熊　峰　汪　波　周晓萌　段大喜　孙　奕
　　　　李　博　王　骁　李宏伟　王宁华　马海洋
　　　　孙　涵　高华玲　刘　音　王红超　叶　瑾

编　写　组

组　长　张　义

副组长　高国伟　杨真子　张　娜

成　员　徐　杨　肖汉雄　冯昕欣　阮文婧　廖建辉
　　　　沈　亮　吕　昕　黄　哲　赵　晔　陈原子
　　　　张　虎　刘　琪　闫　雨　雷　颖　贾灵苗
　　　　杨晓波　文如娟　赵　天　李牧青　白洪浩
　　　　刘源祺　崔雅雯　丁　竹　沈　叶　何临青
　　　　李晨杰　曾　樱　王雅婧　闫媛媛　杨　涵
　　　　刘　阳　杜　敏　李舒雅　张丹妮　杨莉菲
　　　　周　斌　张月璐　陈　莉　郑壮壮

前 言

国家电网有限公司（简称国家电网）成立于 2002 年 12 月 29 日，是根据《公司法》设立的中央直接管理的国有独资公司，注册资本 8295 亿元，以投资建设运营电网为核心业务，是关系国家能源安全和国民经济命脉的特大型国有重点骨干企业。国家电网经营区域覆盖我国 26 个省（自治区、直辖市），供电范围占国土面积的 88%，供电人口超过 11 亿人。2020 年，国家电网营业收入为 2.66 万亿元，资产总额为 4.35 万亿元，是全球最大的公共事业企业。

国家电网以习近平新时代中国特色社会主义思想为指导，深入贯彻“四个革命、一个合作”能源安全新战略，践行中央企业“六个力量”，全面贯彻落实国务院国资委“三个领军”“三个领先”“三个典范”创建世界一流企业的要求，以服务和参与“一带一路”建设为核心，以“建设具有中国特色国际领先的能源互联网企业”战略目标为指引，积极推进投资、建设、运营带动技术、装备、标准“走出去”，开展市场化、长期化、本土化经营，突出服务大局、突出效益贡献、突出风险防控、突出规范运营，打造“一带一路”建设央企标杆（“四突出一标杆”），成为央企“走出去”的成功典范。

在国家电网公司党组的领导下，国家电网构建了有效的国际业务组织体系，总部国际合作部（“一带一路”办公室）是国际化发展和“一带一路”建设相关工作的归口管理部门，总部其他相关部门配合国际合作部对国际业务进行管理和指导。通过优化整合内部资源，国家电网成立了境外投资运营专业单位——国网国际发展有限公司、国际工程总承包专业单位——中国电力技术装备有限公司和境外融资专业单位——国家电网海外投资有限公司，在境外设立了45个驻外机构，形成了管理扁平、协同高效、专业精干的国际业务管理实施体系。

国家电网抢抓全球能源转型、世界经济调整、中国企业“走出去”等时代机遇，紧紧围绕“一带一路”建设，在境外投资运营、国际产能合作、电网互联互通、标准国际化等方面取得了显著成效。截至2021年年底，国家电网在51个国家开展国际业务，成功投资运营10个国家和地区的14个骨干能源网公司，境外资产3200亿元，所有项目均保持稳健运营、全部盈利、无一亏损。2013年以来，国家电网所有国际业务资金全部由境外低成本融资解决，不占用国内电网投资建设能力，形成了使用境外低成本融资投资境外优质资产的良性发展方式；建立了规划设计、工程建设、装备制造、技术标准全产业链“走出去”的国际产能合作模式，合同额累计达到480亿美元；积极推动电网基础设施互联互通，与俄罗斯、蒙古国等周边国家建成10条跨国输电线路，与菲律宾、希腊等国家联合推动岛屿电网互联互通；充分利用双多边合作平台，积极参与全球能源治理，主导制定国际标准超过100项，推动国际能源转型，讲好“国网故事”。

国家电网的国际化发展实践和“一带一路”建设得到党和国家领导人的充分肯定，得到有关部委的高度评价，多个项目被国家发展改革委、国务院国资委、商务部、能源局等作为经典案例，在国际上成为“金字名片”。

国家电网推进习近平总书记见证项目成效显著。习近平总书记见证的大型“投建营一体化”项目——巴西美丽山水电±800千伏特高压直流送出特许权一期、二期项目和巴基斯坦默蒂亚里至拉合尔±660千伏直流输电项目提前完工投入商业运营，运行安全平稳，显著提升了所在国家能源电力基础设施水平，实现巴西、巴基斯坦等国家骨干电网跨越式升级，为当地经济社会发展提供强劲动能。这些项目收益良好，与当地实现了互利共赢。希腊克里特岛联网和巴西美丽山水电±800千伏特高压直流送出特许权项目成为“一带一路”绿色发展的典范，荣获“一带一路”能源部长会议“能源国际合作最佳实践奖”。

国家电网境外资产投资并购成果丰硕。2009年以来，国家电网先后在菲律宾、巴西、葡萄牙、澳大利亚、中国香港、意大利、希腊、阿曼、智利、巴基斯坦等10个国家和地区投资运营骨干能源网公司。这些项目都是所在国家和地区重要的基础设施，关系当地经济社会发展和人们生活，是“一带一路”建设的重点。国家电网境外资产达到3200亿元，国际业务布局不断拓展，实现了从发展中国家向新兴经济体、发达国家的延伸。

国家电网境外资产稳健运营、全部盈利。国家电网所有境外14个投资运营项目均保持稳健运营、全部盈利、无一亏损。国家电网发挥自身的技术和管理经验，提升项目所在国家和地区电网建设运营水平，不仅获得良好的收益，也给当地社会民众带来实实在在的好处，如菲律宾国家电网公司维萨亚地区10年来年停电时间下降了94%，巴西CPFL公司在国家电网接管后用户平均停电时间下降27.2%。国家电网积极支持境外资产持续发展，国网澳洲资产公司、葡萄牙国家能源网公司、意大利国家能源网公司、巴西CPFL公司等业务不断拓展，实现了可持续滚动发展。

国家电网国际产能合作不断深化。国家电网发挥集团化优势，承建了巴西、巴基斯坦、埃塞俄比亚、埃及、波兰、缅甸、老挝等国家级重点骨干电网项目，实现投资、建设、运营带动技术、标准、装备的全产业链、全价值链一体化“走出去”。巴西美丽山水电±800千伏特高压直流送出特许权二期项目带动我国高端电力装备出口近50亿元。巴基斯坦默蒂亚里至拉合尔±660千伏直流输电项目带动我国 96 家企业出口机电设备和技术服务 67 亿元。在沙特阿拉伯完成 500 万只智能电能表安装，带动 6 亿美元国产通信计量芯片等高端产品、14 家国内相关企业进入沙特市场。国家电网国际工程总承包合同额累计达到 480 亿美元，带动中国装备、工程及服务“走出去”超过 250 亿元，有力服务双循环新发展格局。

国家电网能源电力国际合作有效推进。“一带一路”建设的核心是基础设施建设和互联互通。能源电力是重要的基础设施，电网互联互通是“一带一路”建设的重要内容。国家电网贯彻落实“四个革命、一个合作”能源安全新战略，与周边国家建成 10 条跨国电网互联互通线路，累计交易电量超过 370 亿千瓦时。积极开展境外岛屿电网互联项目，希腊克里特岛联网一期项目建成投运，实现希腊最大岛屿与欧洲大陆电网互联，推进菲律宾维萨亚岛至棉兰老岛和希腊克里特岛联网二期项目。

国家电网参与全球能源治理作出积极贡献。国家电网积极配合国家重要外交活动，主动参与全球能源治理，服务“碳达峰、碳中和”目标，推动能源清洁绿色发展。2021 年 9 月 9 日，由国家电网与可再生能源署主办、世界经济论坛特别支持、与 9 家国际知名电力企业联合举办的 2021 能源电力转型国际论坛在北京成功举行。来自五大洲 58 个国家的 750 余位政府官员、组织权威、企业高管、高校学者、行业专家等重要嘉宾出席论坛。这次论坛贯彻习近平总书记关于“碳达峰、碳中和”重要论述精神，打造了全球能源电力行业最高端的国际顶级品牌。

国家电网标准国际化创新发展。国家电网高度重视标准对国际竞争力的重要作用，积极参与国际标准制定，在国际电工委员会（IEC）、国际标准化组织（ISO）、国际电信联盟（ITU）、电气电子工程师学会（IEEE）累计主导发起编制国际标准超过 100 项，在“一带一路”国家和地区电力建设中应用中国标准 525 项，累计承担 IEC 8 个技术委员会秘书处工作，显著提升在全球能源电力行业的影响力，推动了中国技术优势向国际竞争优势的转化。

国家电网境外软实力建设持续加强。国家电网安全稳健建设运营境外项目，积极履行企业社会责任，服务当地经济社会发展，树立负责任的中国央企形象，以良好品牌形象促进“民心相通”，厚植共建“一带一路”民意基础。国家电网下属国网巴西控股公司长期利用税收优惠赞助马累贫民区青少年交响乐团，累计惠及超过 6000 名当地贫困青少年，乐团曾受巴西总统府邀请在习近平主席和李克强总理访问巴西期间为两国领导人演奏乐曲。此项目获得联合国全球契约组织“社会责任管理最佳实践奖”“2020 中国企业海外形象建设十大优秀案例”等多个奖项。蒙古国科布多省政府和民众就国网新疆电力有限公司“国门上的供电所”向国家电网发来感谢信，外交部给予高度评价。国家电网菲律宾“光明乡村”公益项目，通过清洁的光伏发电满足当地 1000 余个原住民家庭及两所小学（共计 108 名学生）的用电需求，获评联合国“第二届全球减贫最佳案例”。国家电网控股的巴西 CPFL 公司获评联合国可持续发展优秀案例。

国家电网通过不断探索研究和创新实践，总结出一套具有国家电网特色的国际化经验做法，走出一条战略清晰、经营稳健、依法合规、风险可控、融资成本低、协同效果强的国际化发展道路。国家电网制定的“四突出一标杆”国际化战略思路，将服务国家大局、注重经济效益、加强风险防范、依法合规经营放在了开展国际业务的突出位置上。国际业务作为国家电网“一体四翼”（电网业务是主体，金融业务、国际业务、支撑业务、战略性新兴产业是“四翼”）发展布局的坚强“一翼”，充分发挥国家电网技术、管理、资信、人才等集团化综合优势，聚焦核心业务，科学决策，遵守国际规则和所在国法律法规，科学设置项目管控治理结构，开展市场化、长期化、本土化经营，积极履行社会责任，从而实现了国家电网国际化高质量发展。

展望未来，国家电网将在新形势下践行新发展理念，服务“一带一路”建设，助力经济双循环新发展格局构建，引领全球能源电力低碳清洁转型，为实现中华民族伟大复兴中国梦、构建人类命运共同体作出新的贡献。

本书分为成效篇、做法篇、展望篇三部分，全面梳理了国家电网国际化发展成果，系统总结了国家电网国际化发展的成功经验，并介绍了下一步发展方向。受研究能力和编写时间所限，本书难免存在疏漏和不足之处，敬请各位读者提出宝贵意见。

编者

2021 年 12 月

参股意大利能源网公司
(CDP RETI)
参股葡萄牙国家能源网公司
(REN)
参股希腊国家电网公司
(IPTO)
波兰科杰尼采
400千伏变电站工程
土耳其凡城
600兆瓦背靠背
直流换流站工程
巴基斯坦默蒂亚里至拉合尔
±660千伏直流输电项目
参股中国香港港灯电力投资有限公司
(HK Electric Investments)
全资成立国网巴西控股公司
建成投运美丽山±800千伏特高压直流
输电一期、二期特许权项目
控股巴西CPFL公司
全资智利切昆塔集团
参股菲律宾国家电网公司
(NGCP)
控股国网澳洲资产公司
(SGSPAA)
参股南澳输电网公司
(ElectraNet)
参股澳网公司
(AusNet)
参股阿曼国家电网公司
(OETC)
埃塞俄比亚GDHA 500千伏
输变电工程
沙特电力公司
智能电表总承包工程
埃及EETC 500千伏
主干网输电工程
国家电网有限公司
驻欧洲办事处
国家电网有限公司
驻俄罗斯办事处
国家电网有限公司
驻美国办事处
国家电网有限公司
驻日本办事处
国家电网有限公司
驻印度办事处
国家电网有限公司
驻香港办事处
国家电网有限公司
驻菲律宾办事处
国家电网有限公司
驻非洲办事处
国家电网有限公司
驻澳大利亚办事处
国家电网有限公司
驻巴西办事处

积极服务“一带一路”建设

目 录

■ 第三部分 展望篇

第一部分

成效篇

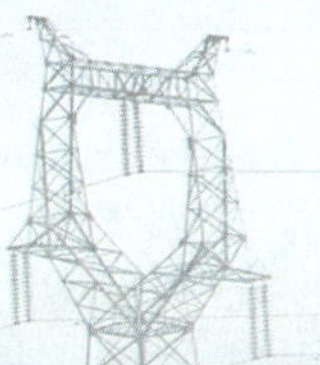

近年来，国家电网坚决贯彻党中央、国务院决策部署，全面落实“走出去”战略，积极服务“一带一路”建设，国际业务不断发展壮大，业务范围包括境外投资运营、投建营一体化项目建设、国际产能合作、国际能源电力合作、国际交流与合作等，服务“一带一路”建设取得显著成效，对企业发展作出重要贡献。

境外投资运营。国家电网聚焦电网主业，依托在特高压、智能电网、新能源并网等领域的技术优势，以及在大电网建设和运行管理等方面的丰富经验，发挥在资金、人才和产业链等方面的综合优势，积极开展能源基础设施资产并购。国家电网投资运营菲律宾、巴西、葡萄牙、澳大利亚、意大利、希腊、阿曼、智利和中国香港等 9 个国家和地区的骨干能源网，所有境外投资项目都取得了良好的经济效益和社会效益，投资效益显著高于国内同类业务回报水平。

投建营一体化项目建设。国家电网发挥综合优势，在境外投资建设运营了巴西美丽山水电特高压直流送出项目、巴基斯坦默蒂亚里至拉合尔直流输电项目等大型输变电绿地项目，促进了巴西、巴基斯坦等项目所在国基础设施和民生改善，也带动了中国电力工程、技术、装备和标准“走出去”。

国际产能合作。国家电网根据自身优势和国外市场需求，以电网输变电工程 EPC 总承包为重点，建立规划设计、装备出口、建设施工、运营维护全产业链“走出去”的国际产能合作模式，带动我国电工装备出口。

国际能源电力合作。国家电网积极推动与周边国家电力联网，服务“一带一路”设施联通，积极参与跨国联网及有关国家主干电网建设，已经建成中俄、中蒙等 10 条跨国输电线路，研究推进中韩、中尼等跨国输电工程。

国际交流与合作。国家电网把技术创新和标准引领作为“走出去”的关键，通过完善创新体系、加强自主创新，推动特高压、智能电网等优势技术向国际标准转化；同时积极推动中国标准在有关国家的应用，提升中国企业的竞争力。国家电网积极参与全球能源治理，充分利用大型国际会议、高端对话、双多边合作机制等平台，发出中国声音，提出国网方案，在国际上树立负责任中国企业的良好形象，不断提升国际影响力。

成效篇将分别从境外投资运营、投建营一体化项目、国际产能合作、国际能源电力合作、国际交流与合作五个方面，分别介绍国家电网国际业务的情况和取得的成效。

1 境外投资运营

国家电网通过开展境外投资并购，积极开拓国际市场。截至 2020 年年底，先后在菲律宾、巴西、葡萄牙、澳大利亚、中国香港、意大利、希腊、阿曼和智利等 9 个国家和地区成功投资运营骨干能源网项目，业务布局实现了从发展中国家向新兴经济体、发达国家的全面覆盖，形成了投资回报稳定、风险可控、现金充沛的境外优质能源电力监管资产组合。境外项目均为所在国的重要基础设施，关系当地经济社会发展和国计民生，是“一带一路”建设倡导的重点合作项目。

国家电网所有境外投资项目均保持稳健运营，且全部盈利、无一亏损。

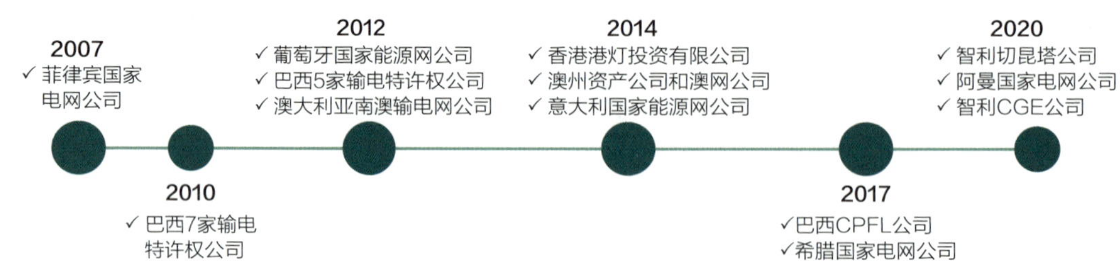

图 1-1 国家电网境外投资并购历程

2007 年 12 月，国家电网中标菲律宾国家电网公司 40%股权，另外两家菲律宾当地合作伙伴分别持有 30%股权，迈出了实施“走出去”战略的第一步。这也是中国企业首次走出国门投资运营另外一个国家的电网。

2010 年 12 月和 2012 年 12 月，国家电网两次共收购巴西 14 家输电特许权公司 100%股权，实现了投资新兴经济体国家的突破。

2012 年 5 月，国家电网收购葡萄牙国家能源网公司（REN）25%股权，成为其第一大股东。这是中国企业首次投资运营欧洲国家级能源网公司[1]。

2012 年 12 月，国家电网收购和增持获得澳大利亚南澳州输电网公司（Electra Net）46.56%的股份。国家电网首次成功进入澳大利亚市场。

2014 年 1 月，国家电网收购新加坡淡马锡集团下属的澳洲资产公司（SPSGAA）60%股权和澳网公司（AusNet）19.9%股权，在澳大利亚资产规模显著提升。

2014 年 1 月，国家电网收购香港港灯投资有限公司 21%股权，为香港安全稳定供电提供有力保障。

2014 年 11 月，国家电网收购意大利国家能源网公司 35%股权。这是当时中国企业在意大利的最大投资，也是中国企业首次投资运营 G7 国家的能源网。

2017 年 1 月，国家电网收购巴西 CPFL 公司控制权股份；2017 年 12 月，完成要约收购；2019 年 6 月，实现 CPFL 公司股份公开发行。截至 2020 年年底国家电网持有巴西 CPFL 公司 83.71%股份。

2017 年 6 月，国家电网收购希腊国家电网公司 24%股权，实现推进“一带一路”建设的新突破。

2020 年 3 月，克服新冠肺炎疫情全球蔓延带来的困难，国家电网完成了阿曼国家电网公司 49%股权收购，实现在中东市场的突破。

[1] 世界上许多国家因业务性质相近，将电网和天然气网放在一个公司，称为能源网公司。

2020 年 6 月，国家电网完成智利第三大配电公司切昆塔公司全资收购，在南美洲市场规模进一步提升。

2020 年 11 月，国家电网签署股权购买协议，收购智利第一大配电公司、第二大输电公司——CGE 公司 96.04%股权，与其在南美洲的其他资产形成良好协同效应。

至此，国家电网已先后投资并购和运营了菲律宾、巴西、葡萄牙、澳大利亚、中国香港、意大利、希腊、阿曼、智利等 9 个国家和地区骨干能源网公司，项目遍布发展中国家、新兴经济体国家和发达国家。国网国际发展有限公司作为境外投资运营的专业公司，负责投资运营国家电网境外资产。

1.1 菲律宾国家电网公司项目

1.1.1 菲律宾国家电网公司基本情况

2009 年 1 月，国家电网与菲律宾当地合作伙伴合资的菲律宾国家电网公司（NGCP）正式接管并按照菲律宾法律联合运营菲律宾国家输电网，特许经营权期限 25 年，我方持股 40%，是单一最大股东。该项目是国家电网首次成功入股境外国家级电网公司，也是迄今为止中国在菲律宾的最大投资项目。作为菲律宾唯一的国家级输电公司，NGCP 主要负责全国高压输电设施（包括联网）的规划、建设、调度、运行和维护，为发电商、配电商、直供大用户提供输电服务。其输电网覆盖菲律宾 87%的土地面积和 93.2%的人口，拥有员工 5060 人。

NGCP 管理并运营菲律宾国内总计 2.05 万千米的输电线路，以 500、350、230、138、115 千伏及 69 千伏电压等级为主，并将其分为四大区域进行管理。其中首都马尼拉所在的北吕宋岛地区输电线路长度为 5626 千米；南吕宋岛地区输电线路总长度 3821 千米；维萨亚地区输电线路总长度 5379 千米；棉兰老岛地区输电线路总长度 5679 千米。NGCP 管理配电站总容量为 34852 兆伏安，其中北吕宋岛地区 14780 兆伏安、南吕宋岛地区 11818 兆伏安、维萨亚地区 4874 兆伏安、棉兰老岛地区 3380 兆伏安。

1.1.2 菲律宾国家电网公司经营管理

国家电网派出了 4 名董事（含 1 名董事长）在内的 9 名中方员工支持 NGCP 的运营管理。十多年来，虽然外部政治经济环境复杂多变，但由于该项目特许经营权是经菲律宾参、众两院审批通过的特许权法案，不是简单的政府行政审批，从而保证了项目稳定运行，确保了股东权益和投资收益。

图 1-2 菲律宾国家电网公司

自 2009 年开始运营菲律宾国家输电网以来，NGCP 按照特许经营权法案和特许经营协议的要求，认真履行各项职责。在中菲股东的紧密合作和中菲员工的共同努力下，NGCP 运营管理水平不断提高，电能质量和供电可靠性稳步提升，电网整体运行状况稳定，为菲律宾经济社会发展提供了安全、稳定、可靠的电力保障。

在国家电网大力支持下，NGCP 的供电可靠性、平均停电时间、电能质量等考核指标得以大幅提升，系统年停电时间较 2009 年接管时平均下降了 76.8 分钟，下降幅度达到 84.9%，年均线路百千米跳闸次数较 2009 年接管时下降 87.8%，且在菲律宾能监会（ERC）电网运营绩效考核中屡创佳绩，且连续 11 年获得绩效考核奖励；电网经受住了地震、强台风、洪灾和火山喷发等恶劣自然灾害频发的考验，安全稳定运行，且圆满完成菲律宾全国大选、东南亚运动会等重大保电任务；优化生产安全管理体系，升级改造应急指挥中心及各分中心，调整相关组织机构和专业人员，电网运维更加完善高效；菲律宾国家级重点能源项目棉兰老岛—维萨亚跨海直流联网项目（MVIP）进入全面开工阶段，完成棉兰老岛 230 千伏骨干网架工程建设并顺利投运，电网建设取得跨越式发展；中菲双方紧密合作，借鉴国家电网输变电工程标准工艺，完成 NGCP 标准工艺编制并组织实施，输变电工程质量进一步提升。依托国家电网有限公司高级培训中心与国家电网有限公司技术学院分公司等单位，首次建立了境外投资项目外籍员工定期培训机制，每年组织 NGCP 管理人员和技术人员赴华交流培训，充分展示了国家电网的雄厚技术实力和先进理念；组织中菲专家开展技术交流，分享国家电网在直流输电、工程建设等方面积累的丰富经验；与菲方股东和行业相关方的沟通和联络日益紧密，建立起互信互利、良好合作的共赢关系。

国家电网在菲律宾圆满完成“光明乡村”企业社会责任工程第一期项目，为菲律宾北部偏远山区千余无电人口带来了光明。该项目是国家电网首个在境外的工程类社会责任项目，被外交部作为中央企业在境外开展社会责任项目的典型案例在全球推广。

2020 年，国家电网积极向 NGCP 分享在疫情防控期间保供电的典型经验及做法，向菲律宾红十字会捐赠了 50 万只医用外科口罩，并支持 NGCP 向菲律宾政府捐赠食品和防疫物资。菲律宾总统杜特尔特在全国电视讲话中充分肯定了以 NGCP 为首的菲律宾工商业及社会各界为菲律宾防疫所作出的努力。2020 年 10 月，NGCP 荣获由菲律宾国际商会（ICCP）颁发的“2020 年度全球卓越企业奖”，菲律宾全国仅 3 家企业获此殊荣。此次获奖是对 NGCP 成立十多年来，特别是疫情期间，始终致力于提供可靠、安全、高效、可负担的输电服务和为菲经济社会发展作出突出贡献的表彰与充分肯定，及对国家电网境外运营工作的高度认可。

1.2 巴西投资运营项目

1.2.1 巴西投资运营项目基本情况

国家电网在巴西投资运营了国家电网巴西控股公司和 CPFL 公司。

1 国网巴西控股公司基本情况

2010 年 7 月，国家电网在里约热内卢设立了国网巴西控股公司，分两次收购了当地 14 家输电特许权公司 100%股权。输电特许权公司特许经营权期限 30 年，主要位于巴西经济最发达的东南部地区，服务区域覆盖里约热内卢、圣保罗、巴西利亚等主要负荷中心。国网巴西控股公司是仅次于巴西国家电力公司的巴西第二大输电公司，输电资产覆盖 14 个州，是巴西骨干输电网的重要组成部分，目前运营着超过 1.6 万千米的输电线路，投资建设和运行管理着南美电压等级最高、技术最先进输电项目——巴西美丽山水电±800千伏特高压直流输电一期、二期特许权项目。国网巴西控股公司各项运营指标居于当地行业前列，且资产经营稳健、风险可控、收益良好。国网巴西控股公司圆满完成了世界杯、总统大选和奥运会等重大保电任务，有力支持了巴西经济社会发展，且两次荣获“巴西电力行业最佳企业”称号，树立了良好的中国中央企业国际品牌形象。

图 1–3 国网巴西控股公司

2 CPFL 公司基本情况

2017 年 1 月和 12 月，国家电网分两次完成收购巴西最大配电公司和新能源公司之一的 CPFL 公司股权；2019 年 6 月，成功实现 CPFL 股份公开发行，恢复了其市场流动性。截至 2020 年年底，国家电网持有 CPFL 公司股份

83.71%。

CPFL 公司主要业务涉及配电、发电等领域。在配电领域，CPFL 公司全资拥有 4 个配电公司，主要为中小用户提供配电、售电服务和为大中用户提供配电服务，服务区域为东南部经济发达的圣保罗州及南部的南大河州，服务约 1000 万用户，市场份额约 13%，运营指标在巴西处于领先地位。在发电领域，总权益装机容量 428 万千瓦，主要为水电资产。

图 1-4 CPFL 公司

1.2.2 巴西投资运营项目经营管理

1 国网巴西控股公司经营管理

国网巴西控股公司通过搭建国际化团队构架实现本土化高效运营。保留原输电特许权公司全部巴西籍员工，统一聘用中、巴籍中层管理干部，以稳定队伍、稳定业务；聘用巴籍高管，凭借其对巴西电力市场及当地经济的了解，协助中方团队提升经营管理水平，促进中巴一体化整合。

国网巴西控股公司相继建成投产特里斯皮尔斯水电送出 500 千伏交流一期、二期特许权项目和南美电压等级最高、技术最先进项目——巴西美丽山水电 ±800 千伏特高压直流输电一期、二期特许权项目。国网巴西控股公司积极落实国家“走出去”战略，充分发挥国家电网集团化优势，提升了国家电网的国际竞争力和影响力。

国网巴西控股公司积极融入当地社会，履行企业社会责任，合理利用巴西税收优惠政策，赞助马累贫民区青少年交响乐团（简称马累乐团）、帮扶弱势残疾儿童，开展 50 多个社会公益活动，造福当地民众，实现经济、社会、环境综合价值，赢得广泛赞誉，荣获联合国全球契约组织“社会责任管理最佳实践奖”。其中，马累乐团累计惠及超过 6000 名当地贫困青少年。该乐团先后应巴西总统府的邀请为访问巴西的习近平总书记和李克强总理演出，成为巴西一张“音乐名片”。该项目获评国务院国资委“2020 中国企业海外形象建设十大优秀案例”和“海外社会责任优秀案例”，得到高度评价。

2 CPFL 公司经营管理

CPFL 公司是巴西电力领域的旗舰领军企业，自 2017 年入股以来，国家电网以保障境外国有资产保值增值为使命，以公司治理为抓手，全面加强公司业务管控，开展全面管理提升，切实防范消减风险，提升经营管理指标。国家电网委派了 7 名董事参与 CPFL 公司重大事项决策，派出了 40 名中方员工在当地参与公司运营管理。

国家电网入股以来，CPFL 公司经营业绩实现大幅提高，所属配电业务关键运行指标创历史最高水平，用户平均停电时间、停电次数均较接管前下降 20%以上，保持巴西行业领先；常规发电业务可靠性指标稳居巴西全国第一，旗下水电站多次获评“巴西最安全电站”；经营区域内电力营商环境明显改善，用户满意度好评率大幅上升，先后荣获“拉丁美洲工程行业最杰出服务奖”“巴西电力行业最佳品牌投资价值奖”“最佳配电企业”“最佳客户服务奖”“巴西能源行业最具可持续性公司”等多个当地行业重大奖项，取得了显著成效；凭借在疫情中的突出表现，其相关实践成功获评联合国可持续发展优秀案例。

2020 年，CPFL 公司被纳入巴西圣保罗交易所指数（IBOVESPA100）、巴西可持续发展指数（ISE）和摩根士丹利指数（MSCI），充分体现资本市场和投资者对国家电网在巴西资本运作和发展前景的高度认可。

1.3 葡萄牙国家能源网公司项目

1.3.1　葡萄牙国家能源网公司基本情况

2012 年 5 月，国家电网成功收购葡萄牙国家能源网公司（REN）25%股权，首次作为长期投资者和单一最大股东入股欧洲国家级能源网，对深化中欧能源电力基础设施领域合作具有重要的里程碑意义。

REN 是葡萄牙唯一的国家级能源传输公司，涵盖电力和天然气输送业务，拥有员工 691 人。在电力业务方面，拥有葡萄牙全国输电网 50 年特许经营权，包括输电线路 9001 千米、变电容量 38463 兆伏安。在天然气业务方面，拥有全国天然气高压输送网络和北部波尔图地区配气网络 40 年特许经营权，负责天然气接收、储藏、输送、调度、液化天然气气化，输气管线 1375 千米，配气网络 5860 千米，地下储气量达 3 亿立方米。国际业务方面，拥有智利 Transemel 输电公司 100%

股权和 Electrogas 天然气输送公司 42.5%股权，输电线路 92 千米，输气管道 165 千米，柴油输送管道 20 千米。

1.3.2 葡萄牙国家能源网公司经营管理

在管理运营方面，国家电网派出 3 名董事（包括副董事长）和 3 名高管（包括首席技术官）参与 REN 运营管理。公司交割后，项目运营良好，双方合作不断深化。国家电网入股后，带动中资银行在 REN 业务的开展，既实现了“抱团出海”，也为 REN 提供了融资支持。REN 信用评级持续稳步提升，最先成为葡萄牙同时获得国际三大信用评级公司投资级别的公司。国家电网积极参与 REN 经营管理，切实维护自身合法权益，全力推动双方交流合作，实现了 REN 项目的良好稳健运营。

图 1–5 葡萄牙国家能源网公司

2013 年 6 月，国家电网与 REN 合资组建研发中心，引入了中国电力科学研究院有限公司自主研发的电力系统仿真系统（ADPSS），促进 REN 电网运行水平、科技创新能力和行业影响力不断提升。研发中心入选“欧盟联合研究中心智能电网实验室名录”，成为欧洲知名的智能电网仿真实验室，被誉为“中葡科技合作的典范”。

国家电网与 REN 签署了合作框架协议，进一步深化双方的交流合作，共同开展第三方市场合作。2017 年 2 月，国家电网驻 REN 高管团队配合 REN 完成了智利 Electrogas 输气资产项目 42.5%股权并购，其业务在南美洲实现突破；2017 年 10 月，团队配合 REN 成功完成葡萄牙 EDPG 配气资产项目 100%股权交割，进一步拓展了监管资产规模；2019 年 7 月，REN 成功中标智利 Transemel 输电公司 100%股权，首次实现海外电网业务的开拓。

1.4 澳大利亚投资运营项目

1.4.1 澳大利亚投资运营项目基本情况

2012—2014 年，国家电网在澳大利亚先后分别投资运营了南澳输电网公司（ElectraNet）、澳洲资产公司（SPSGAA）和澳网公司（AusNet）三个资产公司，目前持股比例分别为 46.56%、60%和 19.9%，服务区域覆盖维多利亚州、新南威尔士州、昆士兰州、南澳洲和首都领地等地区，业务领域包括输电、配电、输气、配气、新能源开发和储能等领域。

1 南澳输电网公司项目基本情况

2012 年 12 月和 2013 年 5 月，国家电网分两次成功收购 ElectraNet 46.56%股份，成为其第一大股东。ElectraNet 是澳大利亚南澳州唯一的输电企业，拥有输电线路 5700 千米，变电容量 13016 兆伏安，最大用电负荷 3240 兆瓦，拥有员工 386 人。

2 澳洲资产公司项目基本情况

SGSPAA 主要业务包括配电、配气、输气、基础设施服务、新能源开发等，业务区域覆盖澳大利亚生产总值排名前三的维多利亚州、昆士兰州、新南威尔士州和城市排名前两位的悉尼、墨尔本。SGSPAA 拥有员工 2796 人，配电网长度 6698 千米，服务客户达 33 万人；配气网长度 2.443 万千米，服务客户达 110 万人，是澳大利亚最大的配气公司；输气网长度 3045 千米，是澳大利亚第二大输气公司。

图 1-6 澳大利亚投资运营项目

3 澳网公司项目基本情况

AusNet 在澳大利亚和新加坡两地上市。并购完成后，国家电网持有其 19.9% 股权，为第二大股东。AusNet 主要在维多利亚州开展输电、配电、配气等业务，66 千伏及以上的输电资产长度 6836 千米，变电容量 27.54 吉伏安；架空配电线和地下电缆长度分别为 3.86 万千米和 1.01 万千米，变电容量为 19642 兆伏安；配气资产长度 1 万千米，拥有员工约 1650 人。

1.4.2 澳大利亚投资运营项目经营管理

国家电网委派了 4 名董事参与南澳输电网公司重大事项决策；委派了 4 名董事参与澳洲资产公司重大事项决策，派出了 5 名中方高管在当地参与澳洲资产公司运营管理；委派了 2 名董事参与澳网公司重大事项决策。自国家电网入股以来，三个资产公司始终保持平稳经营，资产规模稳步扩大，运行指标满足监管标准，能源服务质量不断提高，盈利水平稳步提升，投资回报稳定可靠，总体经营情况良好。

1 南澳输电网公司项目经营管理

充分利用国家电网技术优势和管理经验，针对 ElectraNet 监管环境、市场机遇和自身实力精准施策，主导发展战略制定和商业计划关键指标调整，推动改进提升安全管理水平，优化融资结构和成本，有效地提升了 ElectraNet 总体收入水平和可持续发展能力，成功获得高信用评级认定，实现多方共赢。

2 澳洲资产公司项目经营管理

国家电网与合作方新加坡能源公司携手合作，发挥各自优势，实现项目资产的稳定发展和效益提升。2019 年 1 月建成投产澳大利亚北气东输管线一期工程，实现资产协同效应和保值增值，获得澳大利亚北部领地政府颁发的“北部领地地区卓越贡献奖”。在国家电网大力支持下，SGSPAA 的国际信用评级获得调升至优质投资级别，显著节约融资成本；同时通过管理创新，获得澳大利亚“公共事业最佳客户创新奖”并荣膺 2019 年度“国际爱迪生奖”提名。

3 澳网公司项目经营管理

通过持续降本增效，AusNet 实现输电、配气业务效率名列澳大利亚行业首位，配电效率排名大幅度提升，成功进行澳大利亚首个智能社区微电网试验项目，并获得澳大利亚清洁能源理事会“2017 年度创新奖”。2018 年，AusNet 建成并投运维多利亚州首个大规模储能电池项目，成为维多利亚州新能源服务的对外名片。在国家电网积极协助下，AusNet 实现了由劳动密集低回报类型向新能源接入、社区智能微电网等高回报类型的业务转型。

1.5 中国香港港灯电力公司项目

1.5.1 中国香港港灯电力公司基本情况

2014 年 1 月，国家电网成功以基石投资人身份投资中国香港港灯电力投资有限公司（简称港灯公司），目前持股 21%，为其第二大股东。港灯公司是香港两大电力公司之一，拥有员工 1893 人，为香港岛及南丫岛五十多万用户提供发电、输电、配电及售电一体化服务，处于区域性垄断地位。港灯公司成立于 1889 年，拆分上市前由香港电能实业有限公司全资拥有，是一家垂直一体化的电力公用事业单位。自 1997 年起，其供电可靠率一直保持在 99.999%以上。

图 1-7 中国香港港灯电力投资有限公司

1.5.2 中国香港港灯电力公司经营管理

自投资入股以来，国家电网派出董事和高管参与港灯公司经营管理，积极推动港灯公司将保障电网安全稳定运行作为运营的最核心内容。港灯公司安全生产、供电可靠性和客户服务各项指标持续保持世界一流水平，供电可靠率一直保持在99.999%以上，助力香港“获得电力”指标位列全球前列，保障了香港电力安全可靠供应，有力支持了香港经济社会发展，为香港长期繁荣稳定作出贡献。同时，通过驻港灯高管团队桥梁纽带及辐射作用，促进港灯公司与国家电网的文化交流与融合，为“一带一路”建设贡献力量。

2018—2020 年，国家电网联合港灯公司、香港理工大学、西安交通大学四方共同开展了为期三年的“一带一路”能源电力高管人才发展计划合作项目，已有来自 29 个国家和地区共计 202 名高层专业人员参加了培训研讨。该项目积极促进了

“一带一路”电力能源交流，有力提升了国家电网品牌国际影响力，获得了社会各界的广泛好评。

1.6 意大利国家能源网公司项目

1.6.1 意大利国家能源网公司基本情况

2014 年 11 月，国家电网完成收购意大利国家能源网公司（CDP RETI）35%股权。CDP RETI 持有意大利国家输电网公司（TERNA）29.85%股权、意大利国家天然气公司（SNAM）31.4%股权、意大利国家配气公司（ITALGAS）26.04%股权，是这三家上市公司的单一最大股东，拥有实际控制权。TERNA 是欧洲最大、世界第六大输电系统运营商，拥有意大利 99.7%输电网资产，线路总长度 7.2 万千米，通过 26 回跨国联网线路与周边 6 个国家实现电网互联互通。2004 年，TERNA 在米兰证券交易所上市。SNAM 是欧洲最大的天然气输送运营商，拥有意大利 94%国家级输气管网，并在欧洲 4 个国家拥有输气资产。2001 年，SNAM 在米兰证券交易所上市。ITALGAS 是意大利最大、欧洲第三大配气运营商，约占意大利配气市场 34%份额。

项目交割至今，国家电网与 CDP RETI 密切合作，共同支持 TERNA、SNAM、ITALGAS 发展，三家上市公司经营绩效稳步提高，资产规模逐步扩大，国际影响力有效提升，资本市场表现明显优于同业公司。

收购 CDP RETI 是当时中国企业在意大利的单笔最大投资，也是中国企业首次成功投资运营西方七国集团（G7）国家级骨干能源网。国家电网充分发挥在技术、资金和管理等方面的优势，与合作伙伴 CDP RETI 密切合作，进一步支持三家上市公司践行能源转型战略，大力拓展清洁能源综合利用、节能减排等业务，助力意大利实现国家能源发展规划及欧盟碳减排目标，推进中国与意大利的务实合作，服务“一带一路”建设。

图 1-8 意大利国家能源网公司

1.6.2 意大利国家能源网公司经营管理

国家电网通过参加 CDP RETI 及其控股的三家上市公司股东会、董事会、专委会审议和表决，深度参与上述四家公司的治理，对商业计划、预算、组织架构、融资、投资项目等重大经营管理事项进行决策，维护股东权益，保障项目投资收益。

国家电网贯彻市场化、长期化、本土化经营理念，在重大运营事项上保持与意方的友好协商，支持三家上市公司通过加大资本性支出投资、降本增效、向监管机构争取有利政策等措施提高在意大利本土市场的经营收益，通过开拓新业务、加大并购业务开发力度等措施培育新的利润增长点。截至 2020 年年底，CDP RETI 下属三家公司总市值达 322.8 亿欧元，其中国家电网所持 CDP RETI 35%股权的市值较投资时已增值 67%以上。

2018 年 5 月，国家电网与 SNAM 签署了合作谅解备忘录；2019 年 4 月，在李克强总理与意大利总理的共同见证下，国家电网与 ITALGAS 签署了合作框架协议，加强双方在节能减排、技术交流及第三国投资等方面的合作。其后，中意双方又先后在意大利米兰和中国北京成功举办了能源转型与天然气发展合作论坛和国际天然气多边研讨论坛，促进国际多边合作，取得了良好成效。

1.7 希腊国家电网公司项目

1.7.1 希腊国家电网公司基本情况

2017 年 6 月，国家电网完成对希腊国家电网公司（IPTO）24%股权收购项目。该项目被两国政府纳入中希 2017—2019 三年合作计划重点项目，成为国家电网服务“一带一路”建设的新突破。

希腊是“一带一路”的重要支点，IPTO 是希腊唯一的国家级输电系统运营商（TSO），负责全国输电系统开发、运营、维护、调度及电力市场交易管理，拥有 27 座 400 千伏变电站，334 座 150 千伏变电站，设有国家电力调度中心（NCC）和 3 个区域调度中心，输电线路 1.2 万千米，电压等级涵盖 400 千伏交流、400

千伏直流、150 千伏交流和 66 千伏交流。IPTO 还负责希腊与意大利、北马其顿、阿尔巴尼亚、保加利亚和土耳其等五国的电网互联互通业务。

1.7.2 希腊国家电网公司经营管理

国家电网提名了 IPTO 董事会 9 名董事中的 3 名，派驻了副首席执行官、首席财务官及 5 名管理人员，提供技术、运维及管理方面支持。国家电网积极发挥技术优势，协调国内相关技术专家协助诊断希腊电网安全稳定运行问题，大力开展管理提升，推动人力资源结构优化，显著提升希腊电网安全稳定运行水平；积极带动中资金融机构开拓希腊市场，有效节约了 IPTO 的经营成本，充分保障了 IPTO 重大电网工程建设项目的有序推进。

图 1-9 希腊国家电网公司

2019 年 11 月，在中国国家主席习近平和希腊总理的共同见证下，国家电网与 IPTO 签署《克里特岛联网项目股权投资意向协议》，克里特岛联网项目被两国政府纳入“中希 2020—2022 三年合作计划重点项目”，有助于促进电力基础设施互联互通，进一步深化中希能源领域务实合作，服务和推进“一带一路”建设。

2020 年 3 月，应当地政府和中国驻希腊大使馆要求，国家电网积极履行企业社会责任，主动服务中希两国外交大局，积极采取以下措施：一是向希腊卫生部捐赠了 51 万只医用口罩；二是精选了《调度中心应急值班方案》《疫情期间基建施工和换流站工程工作方案》等十余份国家电网防疫措施经验，第一时间提供给 IPTO，分享中国智慧和经验，指导 IPTO 有效开展疫情防控和生产经营工作。中国驻希腊大使章启月高度赞赏国家电网为“大国重器、大国栋梁”，有力促进了中希双边关系发展，体现了高度的政治站位和中央企业担当。希腊环境与能源部部长、卫生部部长分别致函，感谢国家电网在抗疫关键时刻伸出援手，不仅为希腊带来了物资支持，更对希腊抗击疫情给予了极大的精神鼓舞。

1.8 阿曼国家电网公司项目

1.8.1 阿曼国家电网公司基本情况

2019 年 12 月，国家电网成功中标阿曼国家电网公司（OETC）投资并购项目。2020 年 3 月 11 日，项目完成股权交割，我方持有 OETC 49%股权，阿曼财政部通过那玛控股公司持有 51%股份。OETC 是阿曼国家级输电公司，负责阿曼骨干输电网的建设、运维和调度，拥有输电线路 7700 千米、变电站 94 座，服务区域覆盖阿曼约三分之二的国土面积。

图 1-10 阿曼国家电网公司

该项目是国家电网首次在中东地区的成功投资，实现了在阿拉伯语国家的重大突破。此次收购也是中国企业对阿曼的最大单笔投资，对深化中阿两国战略伙伴关系，提升双边能源电力合作水平，推动共建“一带一路”走深走实具有重要意义。

1.8.2 阿曼国家电网公司经营管理

项目交割后，国家电网向 OETC 任命三名董事（含一名副董事长），并派驻四人高管团队。在国家电网的支持下，OETC 努力克服新冠肺炎疫情的不利影响，持续强化安全管理，优化调度和运行方式，克服电网薄弱、老旧电厂退运、选备不足等困难，2020 年输电系统可靠率达 99.9993%；安全生产局面保持良好，无人身伤亡事故、无重大电网和电网设备事故，实现了阿曼电网安全稳定运营。

OETC 积极引进国家电网先进成熟技术和管理理念，协调解决技术管理难题。

针对 OETC 面临的电力现货市场、新调度规则研究及高级应用软件选型、消除变电站电磁感应影响、大容量高比例新能源接入等难题，中国电科院、南瑞集团有限公司等国家电网系统单位和专家提出整改措施，制订实施计划，并开展技术交流、方案优化和后期培训等技术管理支撑工作。2020 年，阿曼南北互联项目第一阶段正式签约，有力提升了阿曼电力工业整体发展水平，服务当地经济社会发展。2021 年 1 月，OETC 成功发行 6 亿美元 10 年期公司债，成本低于阿曼国债利率，为开展重点项目提供充足资金保障。

1.9 智利投资运营项目

1.9.1 智利投资运营项目基本情况

1 切昆塔公司项目基本情况

2019 年 10 月国家电网签署股权购买协议，收购智利切昆塔公司 100%股权，并于 2020 年 6 月成功完成项目交割。切昆塔公司主要从事输配电业务，为智利第三大配电公司，拥有 1100 千米输电线路、配电线路约 1.7 万千米，服务人口超 200 万人，配电服务质量在智利同类企业中处于领先地位。其资产主要分布于毗邻智利首都的瓦尔帕莱索大区。该大区是智利 GDP 排名第三、人口密度排名第二的大区，也是智利国会、智利两个最大港口所在地。

本项目对于深化中智两国全面战略伙伴关系，扩大双边经贸往来，推动共建“一带一路”走深走实具有重要意义。本项目也是国家电网在西班牙语国家的首次成功投资，对拓展境外投资区域、优化现有资产组合具有积极促进作用。

图 1-11 切昆塔公司

2 CGE 公司项目基本情况

2020 年 11 月，国家电网与西班牙 Naturgy 公司签署股权购买协议，收购其持有的全部 CGE 公司 96.04%股权。CGE 公司是智利第一大配电公司和第二大输电公司，服务地区覆盖智利大部分国土，拥有输电线路 3500 千米、配电线路 6.5 万千米，配电用户达到 300 万户，约占有市场份额的 45%，在智利输电和配电市场占有重要地位。

CGE 公司并购项目是国家电网开展国际业务以来完成的第二大境外投资项目，是近年来我国企业在智利最大的投资项目之一，是国家电网践行“一带一路”倡议取得的又一丰硕成果。CGE 公司和切昆塔公司协同效应显著。

1.9.2 智利投资运营项目经营管理

自接管切昆塔公司后，国家电网克服疫情影响，派出了包括 1 名董事长和 2 名董事在内的 21 人高管团队全面参与切昆塔公司的重大事项决策和运营管理，确保其有序运转，保障股东权益。截至 2020 年年底，切昆塔公司生产经营平稳，队伍稳定，经营业绩优于当地同类企业。在智利国家调度中心发布的供电服务综合排名中，切昆塔公司在配电企业中排名首位。国家电网完成项目收购后，积极与评级机构沟通，促进惠誉国际（简称惠誉）将切昆塔公司主权信用评级维持在了 AA 水平，评级展望由“负面”上调为“稳定”。2020 年 8 月，切昆塔公司在智利建筑企业商会（CChC）组织的“2020 年可持续发展企业奖”评选中获得大型基建类可持续发展企业奖，成为行业内首家获此奖项的企业。2020 年 11 月，切昆塔公司又成功中标当地 3 个绿地输电特许权标段，实现在智利绿地输电市场的首次突破。

2 投建营一体化项目

投建营一体化，即按全生命周期管理理念，由同一责任主体负责项目的投资、建设和运营，保证项目在投资、建设与运营阶段的目标相互衔接，投资总体目标前后一致，从而实现投资预期。与传统的绿地投资模式不同，投建营一体化模式的运作范围在绿地投资业务的基础上扩展到了工程建设环节，实现以投资拉动工程建设业务的目的。国家电网在巴西美丽山水电特高压直流送出项目、巴基斯坦默蒂亚里至拉合尔直流输电项目探索开展投建营一体化，并取得了显著的成效。

2.1 巴西美丽山水电±800千伏特高压直流送出特许权项目

2.1.1 基本情况

美丽山特高压输电项目贯穿巴西南北大陆，被誉为“巴西电力高速公路”。该项目将巴西北部亚马孙流域的清洁水电“远距离、大容量、低损耗”输送到东南部负荷中心，有效解决了巴西清洁水电外送和消纳难题，满足了圣保罗、里约热内卢等核心地区 2200 万人口的年用电需求，有效保障巴西电力能源安全可靠供应。巴西美丽山水电 ±800 千伏特高压直流送出特许权项目（简称巴西美丽山特高压输电项目）分为两期，是巴西第二大水电站——美丽山水电站的送出工程，额定输送容量均为 400 万千瓦，是巴西电网南北互联互通的主通道。该项目是中巴电力能源领域合作新的重要里程碑，是我国“一带一路”建设的典型项目，是“一带一路”建设和国际产能合作在南美洲的重要成功实践。

图 2–1　巴西美丽山水电 ±800 千伏特高压直流送出特许权项目

巴西美丽山水电 ±800 千伏特高压巴西一期项目（简称巴西美丽山特高压输电一期项目）由国家电网与合作方巴西国家电力公司以 51:49 股比成立合资公司共同投资、建设、运营，工程范围包括新建送、受端两座 ±800 千伏特高压换流站及 2084 千米直流输电线路。2014 年 7 月，在中国国家主席习近平和巴西总统的见证下，国家电网与巴西国家电力公司签署了项目投资合作协议。2015 年 5 月，在李克强总理和巴西总统的见证下，项目举行了开工奠基仪式。项目特许权经营期限 30 年，建设计划工期 46 个月，于 2017 年 12 月提前特许权协议工期 2 个月投入商业运行。

巴西美丽山特高压输电一期项目是美丽山水电站送出的第一个输电工程。该工程的投运，极大缓解了巴西东南部夏季电力紧张的困境，降低了用户用电成本，提高了巴西电网系统的可靠性。

巴西美丽山水电 ±800 千伏特高压直流送出特许权二期项目（简称巴西美丽山特高压输电二期项目）由国家电网独立投资、建设和运营。2015 年 7 月，项目成功中标；2017 年 9 月和 2019 年 10 月，在中国国家主席习近平和巴西总统的共同见证下，项目分别获得开工许可和投运许可，分别标志着项目全面开工建设和正式完工投运。巴西美丽山特高压输电二期项目工程范围包括“两站一线”及配套工程。该项目起于巴西北部欣古换流站，跨越帕拉、托坎廷斯、戈亚斯、米纳斯和里约热内卢共 5 个州，止于东南部里约热内卢换流站，特高压直流线路全长 2539 千米。截至 2020 年年底，巴西美丽山特高压输电二期项目是巴西最大的输电工程，也是世界上已投运同电压等级输送距离最远的特高压直流工程。该项目实现了中国特高压“投资、建设、运营”和“技术、标准、装备”两个一体化全产业链、全价值链协同“走出去”。

2.1.2 经营管理

1 打造可持续的“一带一路”典型工程

巴西美丽山特高压输电项目为巴西北部亚马孙流域清洁水电外送和消纳提供了中国方案，显著增强了巴西国家骨干电网架构，有力支持和服务巴西经济社会发展。

在工程建设过程中，通过采用优化线路路径、加高铁塔高度、减小走廊植被清理宽度等措施，有效保护了珍贵的热带雨林和植被。经核实，巴西美丽山特高压输电二期项目实际清除的植被总面积比巴西联邦环保署（IBAMA）批准的可清除面积减少了 31%，相当于 45 个里约热内卢马拉卡纳体育场的面积。同时，在输电线路穿越的 5 个州，国家电网进行了总面积达到 436 公顷[1]的造林活动。此外，项目在保护动物方面也取得了巨大成功，在巴西 3 个不同生态区，一共记录了 604 个动物物种，为巴西生物多样性领域的研究作出贡献。

建设期间，国家电网对社会各方面的意见始终保持开放的态度，一共召开了 13 场公开听证会，与会人员超过 1900 人，听取工程沿线居民的诉求和意见，为项目顺利实施和当地经济社会可持续发展奠定了坚实基础。

2 建设高标准的“一带一路”样本工程

巴西美丽山特高压输电二期项目是中国特高压自主知识产权设备和核心技术在境外的首次成功应用，创造多项世界新纪录，建成了目前全球“同电压等级输电距离最远”“直流滤波器性能指标最高”“首个两回特高压直流工程联合协调控制”的 ±800 千伏特高压直流输电工程。

在巴西美丽山特高压输电二期项目系统调试过程中，均一次性完成直流端对端解锁、大负荷试验和协调控制系统试验等系统调试，按计划完成全部 210 项系统调试，充分检验了中国特高压直流设备设计指标、质量控制、安装过程及分系统调试的工作质量，尤其是换流变压器、换流阀、控保系统等国产设备经受了大负荷试验（1.33 倍过负荷）考核，性能完全达标。

工程高质量投运以来，直流系统运行安全稳定，实现了电力可靠供应。巴西美丽山特高压输电二期项目获评第六届“中国工业大奖”“巴西社会环境管理最佳实践奖”和“PMI（中国）项目管理大奖”等重要奖项。

---

[1] 1 公顷=1 万平方米。

证书

授予：国家电网有限公司

巴西美丽山特高压输电二期项目

中国工业大奖

编号：62001023

二〇二〇年十二月

图 2-2　巴西美丽山特高压输电二期项目荣获“中国工业大奖”

3 践行惠民生的“一带一路”责任工程

按照合作共赢原则，巴西美丽山特高压输电项目建设遵循“共商、共建、共享”理念，坚持本土化运营，实现了中巴互利双赢、共同发展。建设期间，60%以上换流站交流设备、直流线路材料和施工服务来自巴西本地，积极带动了当地电工装备上下游产业链发展。同时，巴西美丽山特高压输电项目为巴西提供了约 1.6 万个直接就业岗位和 3 万个间接就业岗位，贡献大量税费，造福当地人民。

巴西美丽山特高压输电项目建设期间积极履行社会责任，开展贫困帮扶，资助亚马孙流域贫困农户社区建立了 1 个养殖场、3 个果汁加工厂和 15 个小型农场，为贫穷农户带来了持续性收入来源；全力支持沿途市政府及卫生站消除黄热病、寨卡及疟疾等疾病传播，向沿线居民捐献了 1650 批防治传染病专用物资；支持“里约四季长跑”，并作为青年志愿者参与弱势残疾儿童资助、巴西世界非物质文化遗产保护等 50 多项公益项目。其中，利用项目减税计划长期赞助支持的马累乐团从最初 40 人发展到目前的 500 人，累计超过 6000 名学生受益，成功帮助数千名贫民窟儿童改变了命运，使该项目成为闻名巴西全境、受人尊敬的亮点项目。

4 实践绿色发展的“一带一路”示范工程

巴西美丽山特高压输电项目是我国特高压技术“走出去”和国家电网品牌与技术支撑世界能源绿色发展理念的示范工程，为巴西能源安全稳定供应贡献了中国方案。巴西美丽山特高压输电二期项目能耗指标达到国际领先水平，换流站损耗不超过额定功率 0.75%，导线等效电阻值不超过 6.72 毫欧姆/千米，折合双极线路最大损耗不超过额定功率 0.15%。

巴西美丽山特高压输电项目采用远距离大容量电力传输解决方案，实现了电力能源跨区域配置，避免了传统化石能源电源重复建设，打通了清洁能源“生产—传输—分配”低碳路径。自 2019 年 10 月投运，截至 2021 年 7 月底，巴西美丽山特高压输电二期项目累计输送清洁水电电量达 320 亿千瓦时，相当于减少了 870 万吨碳排放量，有力推动了巴西社会能源供给的清洁化。

2.2 巴基斯坦默蒂亚里至拉合尔 ± 660 千伏直流输电项目

2.2.1 基本情况

巴基斯坦默蒂亚里至拉合尔 ± 660 千伏直流输电项目（简称默拉直流项目）由国家电网下属中国电力技术装备公司投资建设，是国家电网在境外的首个“建设—拥有—运营—转让”（BOOT）项目。项目从筹建开始就确立了“超前策划、单体审查、过程优化和整体推进”的建设原则，目标定位于“建设世界一流精品工程”。默拉直流项目的设计、建设和运维完全采用中国标准，真正实现了“中国制造”，带动了设计、设备和技术“走出去”。

2015 年 4 月，在中国国家主席习近平和巴基斯坦总理的共同见证下，国家电网与巴基斯坦政府签署了《默蒂亚里至拉合尔 ±660 千伏直流输电项目合作协议》。默拉直流项目总投资 16.58 亿美元，于 2018 年 12 月 1 日开工建设。项目起点位于信德省默蒂亚里东北直线距离约 15 千米的默蒂亚里换流站，终点位于旁遮普省拉合尔西南直线距离约 40 千米的拉合尔换流站。工程包括两座 ±660 千伏直流换流站、886 千米直流输电线路及相关配套工程。

图 2–3　默拉直流项目

2020 年 10 月，默拉直流项目全线贯通。随着拉合尔换流站直流双极完成空载加压开路试验顺利完成，标志着巴基斯坦国家电网最高电压等级历史性达到 660 千伏。2021 年 6 月 25 日，默拉直流项目启动送电仪式在中国北京和巴基斯坦伊斯兰堡通过视频方式同步举行，标志着默拉直流输电工程开始大负荷送电，巴基斯坦国家电网正式步入交直流混合输电新阶段。在新冠肺炎疫情持续蔓延的严峻形势下，该项目成功送电，获得了党和国家领导人的批示肯定。

作为中巴经济走廊“优先实施”项目清单下唯一的输变电项目，默拉直流项目是国家电网服务“一带一路”建设的重要举措，是在国际工程建设领域战疫情、保建设的重要成果，也是推动电力标准国际化的新契机。默拉直流项目是巴基斯坦首个直流输电工程，是巴基斯坦电压等级最高、输电线路最长的项目，也是国家电网在国际上首个具有完全自主知识产权的±660千伏直流项目。项目有力缓解了巴基斯坦旁遮普省和首都伊斯兰堡地区的电力短缺状况，极大地促进了巴基斯坦经济发展，提高了人民生活水平，对深化中巴经济走廊建设、推进中巴能源合作具有重要意义。

2.2.2 经营管理

2018年5月，国家电网与巴基斯坦能源部和巴基斯坦国家输电公司签署了《默蒂亚里至拉合尔±660千伏直流输电工程输电服务协议》等一系列交易文件。国家电网以BOOT模式建设该项目，经营期25年。

在项目建设过程中，中巴两国近8000名建设者最大程度降低了新冠肺炎疫情、雨季、高温、治安较差等不利影响，克服了有效施工时间短、沙漠施工、高水位地区排水难、属地协调工作量大、施工人员短缺等困难，不断优化施工措施，调整施工计划，充分挖掘本地施工资源，采用无人机、封网带电跨越等创新施工方式，实现了单月205千米输电线路贯通，在中巴经济走廊建设中展现出“电网铁军”风采。

2020年以来，新冠肺炎疫情给工程建设带来很大挑战。在巴基斯坦疫情最严重的阶段，交通中断、市场关闭，在巴中资企业项目均受到了严重影响，甚至停工。按照境外疫情防控“双稳四确保”要求，国家电网统筹推进疫情防控和工程建设，每日发布疫情相关情况，为所有人员配备口罩、消毒液、一次性手套等，高质高效推进线路建设和系统调试等各项工作。

为保障工程建设进度和防疫安全，国家电网组建两批医疗及专业紧急支援队伍，分别于 2020 年 6 月 10 日、8 月 8 日赴巴基斯坦默拉直流工程现场，为工程建设和现场防疫工作加油添力，保障人员轮换有序，同时运送了防疫、生活物资，确保物资补充及时。项目部还积极履行社会责任，组织向两端换流站所在的旁遮普省和信德省捐赠大米、面粉等救济物资，得到当地政府和民众的高度赞扬。

2.3 巴西特里斯皮尔斯水电送出项目

2.3.1 基本情况

2016 年 5 月，国家电网首个境外大型绿地输电特许权项目——巴西特里斯皮尔斯输电一期项目顺利投运。该项目是巴西特里斯皮尔斯水电站的配套送出工程，是巴西南北电力通道重要组成部分。项目包括 A、B 两个标段。A 标段工程范围包括 500 千伏同塔双回线路 1008 千米，新建 500 千伏变电站 3 座、扩建变电站 1 座。B 标段工程范围包括 500 千伏同塔双回线路 345 千米和 500 千伏单回线路 239 千米，新建 500 千伏变电站 1 座、扩建变电站 2 座。

2019 年 1 月，巴西特里斯皮尔斯输电特许权二期项目顺利完工并提前投入商业运行。特里斯皮尔斯输电特许权二期项目位于巴西中北部的马托格罗索州，是特里斯皮尔斯河流域水电开发的配套送出工程，也是巴西电网中西和东南联网的重点工程。工程范围包括新建输电线路 1272 千米，新（扩）建变电站 5 座，线路途经 20 多个城市，特许经营权期限 30 年。

图 2–4　巴西特里斯皮尔斯水电送出工程变电站

项目提前投运对缓解巴西东南部地区电力紧张局势，优化输电网结构，加强电网安全稳定发挥了重要作用，将为巴西社会经济发展和促进当地就业注入强大动力。项目额定输送容量 150 万千瓦，将巴西中北部特里斯皮尔斯水电站的电力输送至巴西东南部负荷中心，可满足 800 万人的年用电需求，是巴西政府和社会普遍关注和期盼的重点基础设施项目。

2.3.2　经营管理

项目工作团队前后方紧密配合，通力合作，有力推动项目建设。国家电网国际工作部协调相关部门，协同督导稳健推进项目实施，有效支撑前方工作；国网国际发展有限公司成立境外绿地项目开发和建设管理委员会，健全绿地投资项目管理办法，加强境外绿地项目建设管理，确保管控措施切实落实到位；国家电网巴西控股公司明确各级责任和权限，制订科学合理的工作计划，严格管控并及时分析执行偏差，大幅提高了工作的科学性和时效性，使项目始终保持在良性轨道上；中电装备公司、南瑞集团及中国电建集团山东电力建设有限公司、中国电建集团福建工程有限公司等单位负责工程建设和设备供货，实现全产业链、全价值链一体化“走出去”。

中巴互补合作，实现一体化运作，保障项目顺利实施。组建中巴联合专业管理团队，充分沟通融合，克服文化差异，发挥各自优势，相互协调补位，有效合作推动项目进展。在前期准备阶段，积极与巴西国家能源管理机构、电力系统运营机构和环保局等监管机构沟通，在环保审批、初步设计审查、调试计划批准等方面获得了大力支持，为项目建设铺平了前进的道路。

项目实现了投资、建设、运营和技术、标准、装备两个一体化“走出去”，有效带动了中电装备公司、南瑞集团、山东电建、福建电建等中国电工装备和工程施工服务落地巴西，充分展现了我国电网技术和实力，实现了国际产能合作共赢。项目建设期内为巴西当地创造了超过 4000 个直接就业岗位，获得了政府部门、监管机构及社会各界的高度评价。项目的成功实施进一步提升了国家电网在巴西和南美电力市场的影响力，为后续绿地项目开发和建设奠定了良好基础。同时，在本项目顺利投运后，中电装备公司、南瑞集团、山东电建和福建电建等单位将施工资源充分投入到巴西美丽山特高压输电二期项目建设中，实现了工作的有效衔接。

3 国际产能合作

国际产能合作是国家电网服务“一带一路”建设的一项重要工作。国家电网发挥技术、标准、管理、人才、品牌等综合实力和国际工程总承包管理专业优势，积极推进国际电力工程总承包、电工装备出口及技术咨询服务等业务。2017 年 6 月，国家电网制订了《国际产能合作行动计划》，优化整合资源，建立了规划设计、工程建设、装备制造、技术标准全产业链“走出去”的国际产能合作模式，建设了一批具有国际影响力的标志性工程，承揽建设巴西、埃塞俄比亚、巴基斯坦、波兰、埃及、老挝等国家的电网建设重点项目，涵盖特高压、国家级骨干网、直流输电、中低压配网、运营维护等领域，成功运作“建设—拥有—运营—转让”（BOOT）、政府与社会资本合作（PPP）等融资项目。截至 2020 年年底，国家电网境外工程总承包合同额累计达到 460 亿美元。

3.1 国际产能合作重大项目

3.1.1 埃塞俄比亚 GDHA500 千伏输变电工程

2015 年 12 月，非洲输电线路最长、电压等级最高、输送容量最大的输变电工程——埃塞俄比亚 GDHA500 千伏输变电工程竣工，标志着埃塞俄比亚进入 500 千伏电压等级时代。中国设备与中国标准成功走进非洲，标志着中国超高压输电技术、装备和工程总承包“走出去”取得重大突破。

该工程包括新建 500 千伏同塔双回线路 2×620 千米和双回 400 千伏输电线路 98 千米，新建德德萨、霍莱塔两座 500 千伏变电站，扩建 3 座 400 千伏变电站，输送容量 600 万千瓦。

图 3–1　埃塞俄比亚 GDHA500 千伏输变电工程
500 千伏德德萨变电站

工程由国家电网下属的中电装备公司总承包建设，全部采用中国国产电工电气设备，施工大量使用中国技术标准。工程地处东非高原，全线平均海拔 2300 多米，穿越无人区，施工地地质结构复杂，膨胀土和火山熔岩广布，高温、雨季时间长，需要克服战线长、环境恶劣、设备数量多等不利因素，难度极大。工程于 2014 年 3 月开工，中电装备公司强化工程协调组织和计划安排，建立了商务、合同、财税、计划、安全质量、物资供应、人力调配、医疗卫生共 8 个保障体系，先后组织国内外设计、供货、施工、监理、调试等 110 余家参建单位和近两万名中外电力建设者，经过 21 个月的艰苦努力，最终建成了安全可靠、自主创新、环境友好、国际一流的精品工程。

3.1.2 埃及国家电网升级改造工程

2016 年 1 月，在中国国家主席习近平和埃及总统的见证下，国家电网和埃及电力与新能源部签署埃及国家电网升级改造项目合同。该工程成为中埃产能合作首个签约项目。埃及国家电网升级改造工程位于埃及尼罗河三角洲东南部，主要围绕当地三座燃气电站、四座新建变电站开展电力送出建设，工程范围包括新建 500 千伏同塔双回路交流线路（多段）1210 千米。该工程是埃及近年来规模最大的输电线路工程，已于 2020 年 12 月底完工并带电投运。

埃及全国电力供应常年紧张，大规模断电时有发生。为扭转电力短缺的现状，埃及政府在 2014 年与德国西门子公司签署了修建三个大型发电站项目的协议。然而，埃及电网老旧，需要整体升级改造，以配合三个大型发电站正常工作。

2016 年项目签约后，国家电网下属中电装备公司迅速行动，确保了每条线路的竣工时间都大大早于埃方公布的工期要求。即便遭遇当地高达 40℃的酷热天气挑战，施工队只花了三个月就完成全部紧急送出工程施工，一举创下了埃及电网建设的塔高最高、塔重最重、跨河宽度最大和组塔施工速度最快四项纪录。

随着工程的推进，埃及电力部和本地合作方对国家电网的工作开展效率和人员职业素养经历了从不了解到了解、再从了解到敬佩的过程。同样的技术标准下，当地电力建设公司施工水平约为每年 200 千米，国家电网则为每年 1200 千米；埃及方面要五六年才能完成的项目，国家电网只要一年就能完成。凭借专业、高效的施工能力，国家电网的施工建设工作获得埃及方面一致好评，埃及政府称赞中国公司技术先进、工程质量高、施工进度快。

图 3-2 埃及国家电网升级改造项目尼罗河大跨越

3.1.3 沙特阿拉伯智能电能表项目

2021 年 3 月 30 日，国家电网完成沙特阿拉伯智能电能表项目，部署安装 500 万只智能电能表。这是我国用电信息采集系统业务首次大规模进入境外市场，由国家电网下属中电装备公司实施。这是国家电网服务“一带一路”建设，服务构建以国内大循环为主体、国内国际双循环相互促进的新发展格局取得的又一重要成果，对推进中沙电力合作、深化中沙全面战略伙伴关系具有重要意义。

沙特阿拉伯智能电能表项目是沙特阿拉伯为实现“2030 愿景”实施的重大项目，是沙特阿拉伯建设智能电网和智慧城市的重要组成部分，也是目前世界上单次部署规模最大的智能电能表项目。2019 年 12 月 19 日项目签约，范围涵盖沙特阿拉伯西部和南部 9 个地区，包括主站系统、500 万只智能电能表、集中器、外置断路器、配套软件开发及硬件设备生产、供货、方案设计、运输、仓储、安装、调试、试验等。

图 3-3 沙特阿拉伯智能电能表项目施工现场

项目实施全过程探索沙特阿拉伯本地化管理模式，推动国际通用准则、我国电网规则和项目当地规则的融合。项目采用的计量主站系统、智能电能表及配套设备均为我国自主研发制造，实现了软硬件出口及相关服务产能总计超 6 亿美元，未来或进一步实现相关产能在沙特阿拉伯及周边地区的输出。

为确保项目技术特性达标，项目终端信息通信采用双模和窄带无线通信方案，与国内载波方案存在较大不同。沙特阿拉伯用电环境和气候特点特殊，无高层民用住宅，用电线路地埋入户，大功率空调全年使用，信道噪声较大，电力线载波环境条件恶劣，业主要求用电信息采集在抄读数据的种类、数量、功能、响应度及操作便利性上与国内不同，甚至超过国内现行标准。国家电网组织南瑞集团用时近 10 个月解决项目执行过程中双模方案组网、不同通信方案下信息抄读及调优等各类技术问题，满足了合同规定的各项采集性能指标的要求。

在全球新冠肺炎疫情不断蔓延的情况下，国家电网组织南瑞集团克服人力资源短缺、施工生产资料匮乏、现场作业分散等困难，八周内完成首批物资采购、发运及现场测试，并同期开展安装队伍的动员、培训考试及上岗，于 2020 年 2 月 2 日完成首块电能表安装及测试上线。国家电网优化配置资源，提高工作效率，降低斋月对工期造成的影响，平均每日安装电能表数量从项目初期的 2000 只提高至 6 万只。项目执行期间，项目部在电能表安装和主站系统开发部署进度上始终领先于当地竞争对手，实现了“项目一日未停、稳步推进、防疫‘双零’”。业主纷纷表示“国网速度”令人惊叹。

3.1.4 波兰科杰尼采变电站扩建及改造工程

2018 年 11 月，由国家电网下属的平高集团有限公司承建的波兰科杰尼采变电站扩建及改造工程在波兰东部城市科杰尼采举行竣工仪式，该项目是中国在欧盟国家完工的首个输变电工程总承包项目。位于波兰东部的科杰尼采变电站是波兰境内第二大变电站，为波兰首都华沙供应一半以上的电力。2014 年，平高集团与波兰国家电网公司签署了科杰尼采变电站扩建及改造项目合同，工程总金额约合人民币 2.52 亿元，历时 4 年完工。

自 2014 年进入波兰市场以来，平高集团已陆续与波兰国家电网公司签订并执行了 6 个工程总承包项目，并积极推动中国装备“走出去”，努力将中国设备推向欧盟市场。平高集团近年来以波兰分公司作为欧洲的基点，不断向“一带一路”沿线国家扩展业务，业务已辐射到意大利、西班牙、北马其顿等国。在波兰西北部的西滨海省，平高集团承接的波莫扎内工程是波兰与德国电网联网的枢纽之一，对中国国产电工设备制造业来说有着特殊意义。这是欧盟国家第一次完全采用中国自主研发、生产的气体绝缘金属封闭开关成套设备，标志着中国国产电工成套装备首次进入欧盟市场。

图 3-4 波兰科杰尼采项目正式竣工

中国企业在当地积极履行社会责任，树立良好形象。平高集团在波兰的 6 个项目现场仅有中方员工 20 人，却雇用上千当地员工，且创造更多间接就业；在日多沃，平高集团对当地公路进行了高标准、高规格翻修；在波兰港口城市格但斯克，平高集团为附近学校修葺操场……中国企业赢得了当地民众的好感，波拉努夫镇连续两年举办了“中国文化节”。中国文化节洋溢着浓浓中国风情的演出和活动，让当地居民切身感受到了中国深厚的文化底蕴。

3.1.5 缅甸 230 千伏主干网连通工程

2020 年 1 月 11 日，缅甸 230 千伏主干网连通工程竣工仪式在缅甸实皆省薛博市举行。国家电网下属中电装备公司以工程总承包（EPC）模式建设实施该项目。

缅甸 230 千伏主干网连通工程于 2017 年 11 月开工建设，业主为缅甸电力与能源部，合同金额 1.33 亿美元。工程范围包括两座 230 千伏变电站和两条总长约 300 千米的 230 千伏双回输电线路，起点位于缅甸克钦邦境内的太平江水电站，终点位于缅甸第二大城市曼德勒附近。工程的优质高效建设和成功投运，得到了业主的高度认可和赞赏。

工程将缅北太平江水电站与缅甸骨干电网连接，是缅甸“北电南送”的重要通道工程。工程投运后将缅北丰富的水电源源不断输送至缅甸南部用电负荷中心，有效解决缅北水电站窝电困局，并极大改善南部电力短缺现状。工程可满足 500 万户缅甸家庭用电需求，助力缅甸 2030 年全国通电目标的尽早实现，并带动缅甸电源、原材料等上下游产业发展，为缅甸经济快速发展和民生改善提供了有力保障。

加强电力合作是中缅共建“一带一路”的重要内容。缅甸北克钦邦与 230 千伏主干网连通工程的成功投运，标志着中缅电力能源合作又迈出关键一步，为以中国电力技术普惠缅甸民生改善增添了新的典范，且将进一步加快中国与缅甸及周边国家基础设施互联互通步伐。

近年来，国家电网在缅甸先后建成了 20 余个输变电工程，包括新建及扩建 230 千伏变电站 20 余座、230 千伏及 66 千伏输电线路近 1300 千米，为缅甸骨干电网建设作出突出贡献。

图 3-5 缅甸 230 千伏主干网连通工程开工仪式

工程建设过程中，国家电网始终按照“共商、共建、共享”和互利共赢原则，致力把境外工程建成当地的惠民工程，积极实施本地化管理，聘用当地员工，尊重当地风俗和宗教文化，保护当地环境，积极履行企业社会责任，为深化中缅情谊、推进“一带一路”建设走深走实贡献智慧和力量。

3.2 国际产能合作成效

实现互利共赢。依托国家电网在电网规划、设计、建设、运维等方面的领先优势，通过承揽境外大型输变电工程总承包项目，带动先进技术、高端电力装备、优质咨询服务等全方位“走出去”，在巴西、埃塞俄比亚、埃及、波兰等国家建设了一批具有国际影响力的标志性工程。国家电网境外工程总承包和装备出口等合同额累计超过 460 亿美元，带动我国电工装备出口到 100 多个国家。

案例 3-1

贡献“中国智慧”，服务南非电力改革

2019 年 2 月，南非政府宣布对南非电力公司实施改革，以解决其长期存在的财务、运行和管理问题。同年 7 月，南非电力公司董事长访问国家电网，双方高层就向南非电力公司分享中国电力体制改革经验，为改革重组提供专业咨询达成共识；10 月，国家电网组团访问南非，与南非电力公司高层和工作团队就电力改革、重组等议题进行深入交流，为其改革重组贡献“中国智慧”，提供“中国方案”。2019 年 11 月，习近平主席在巴西金砖峰会期间与南非总统会谈，南非总统对国家电网为南非电力公司提供改革咨询表示感谢。

2020 年 2 月，国家电网组织下属国网能源研究院有限公司完成咨询报告。报告全面回顾了我国电力体制改革历程，总结了改革成效及面临的问题，详细阐述了电力结构重组及市场机制建设的实践与经验，并结合南非电力行业发展与改革情况提出了相关建议。外交部和我国驻南非大使馆审阅了报告，并由大使向南非总统拉马福萨转交。2020 年 3 月，国网驻非洲办事处代表国家电网向南非电力公司致函，正式转交报告，随后收到南非电力公司总裁回函，对国家电网提供相关咨询工作表示感谢，并希望双方共同努力，继续推进战略合作。

提升当地技术水平。作为第二届“一带一路”高峰论坛成果，国家电网签署了埃及国家电网升级改造二期项目合作协议和沙特阿拉伯智能电能表项目总承包合同。其中，沙特阿拉伯智能电能表项目是中国“用电信息采集系统”业务首次大规模进入境外市场。这些项目的落地有效带动国产技术设备标准和服务输出，提高了当地电网设计规划、施工建设、装备制造与服务咨询水平。

案例 3-2

提供技术咨询，提升孟加拉国电网运行水平[1]

孟加拉国帕亚拉地区电网总容量为 3 吉瓦，电源、负荷分布不均衡，自然灾害频发，电网发生故障概率较大，同时易发生多重故障。帕亚拉发电站共有两台发电机组，单机容量为 660 兆瓦，占电网总负荷 20%，若机组发生故障将对当地电网系统造成较大影响；且机组与主网联系薄弱，形成了孤立运行电网，具有明显的“大机小网”特征。

为保障当地电网安全稳定运行及事故状态下快速恢复，国家电网下属国网辽宁省电力有限公司电力科学研究院成立技术专家服务小组，积极开展技术难点前瞻性研究。通过对机组带负荷低频振荡及稳定性、电网故障时机组快速切除至孤岛运行的控制策略、机组脱离电网带厂用电运行的转子振动特性等技术问题的专题研究，并结合机组试运行过程中参数调整和数据分析，制定了完善可靠的技术解决方案。

应用此技术方案后，发电机组运行跳闸停机次数减少，电网故障时机组均能快速切除或维持在优良范围内，每年直接为发电企业减少经济损失达千万元人民币，为当地用电企业减少经济损失高达亿元人民币，保障了当地经济发展，改善了当地人民生活水平。该项目荣获了 2020 年度国际项目管理协会（IPMA）能源行业的最高奖项。

[1] 选自《国家电网有限公司国际合作优秀案例》，编写人魏来、路军锋、黄晓鹏（国网辽宁省电力有限公司）。

促进当地经济社会发展。国家电网建成的埃塞俄比亚重点民生基础设施建设项目——GDHA500 千伏输变电工程，是目前非洲输电线路最长、电压等级最高、输送容量最大的输变电工程，有助于改善埃塞俄比亚电网结构、解决首都地区电力供应紧张问题，对促进清洁能源外送发挥重要作用。

为当地培养人才。本着“授人以鱼不如授人以渔”的原则，国家电网一直密切关注中巴经济走廊构架下的电力人才培养及默拉直流工程带来的专业人员培训需求，通过对巴基斯坦电力行业及人才培养的充分调研，并面向巴基斯坦国家输配电公司线路运维技术骨干开展了为期 4 个月的“线下+线上”和“理论+实操”复合式培训。在埃及国家电网升级改造工程开展过程中，国家电网邀请埃及输电公司 20 名来自全国各区域的优秀工程师赴华培训，助力当地专业人才培养。

4 国际能源电力合作

基础设施互联互通是“一带一路”建设的重点领域。国家电网全面落实习近平总书记在“一带一路”国际合作高峰论坛上的讲话精神，积极推进中国与周边国家电网互联及“一带一路”沿线其他区域电网互联，促进各国能源资源开发、能源转型和优化配置，实现区域经济共同发展，以设施联通推动“一带一路”沿线国家形成利益共同体、命运共同体和责任共同体。

4.1 电网互联互通重点项目

4.1.1 中俄电力联网项目

截至 2020 年年底，国家电网与俄罗斯跨国互联线路主要包括 110 千伏布黑线（布拉戈维申斯克市至黑河）、220 千伏布爱甲乙线（布拉戈维申斯克市至爱辉）和 500 千伏阿黑线（阿穆尔州 500 千伏变电站至黑河换流站），由俄罗斯远东向中国东北供电。

110 千伏布黑线于 1992 年投产送电，由黑龙江省人民政府与苏联阿穆尔州政府签署商贸议定书，经当时的国家能源部、外经贸部和外交部批准，原黑龙江省电力工业局下属华源电力开发公司投资建设。该线路主要向黑河市区供电。

220 千伏布爱甲乙线于 2006 年投产送电，该线路主要向黑河工业园区供电。

图 4-1　黑河 500 千伏换流站

500 千伏阿黑线是目前我国建设的从境外购电电压等级最高、容量最大的输变电工程，是中俄两国开展能源领域合作取得的一项重大成果。为缓解我国能源资源相对紧缺，增加能源储备，减轻国内环保压力，2006 年 3 月，在中俄两国元首的见证下，国家电网与原俄罗斯统一电力系统股份公司签署了《关于全面开展从俄罗斯向中国供电项目可行性研究的协议》，计划在黑河地区建设容量为 75 万千瓦的 500 千伏直流背靠背换流站及中俄境内长度分别为 420 千米和 150 千米的 500 千伏输电线路。2007 年 7 月，500 千伏阿黑线获国家发展改革委正式核准，2011 年年底建成，2012 年 4 月投产送电，电力在东北三省消纳。2012 年 2 月 25 日，国家电网与俄罗斯东方能源股份公司签署了长达 25 年的电力贸易合同，通过 500 千伏阿黑线向我国供电。2021 年 9 月，我国东北部分地区供电偏紧，国家电网协调俄方加大电力供应，从 2021 年 10 月 1 日起，黑河 500 千伏换流站的满负荷运行时长从每天 5 个小时增至 16 个小时，极大缓解地方供电紧张的情况。

4.1.2 中蒙电力联网项目

截至 2020 年年底，中蒙边境建有 1 回 35 千伏和 2 回 10 千伏共 3 条跨国输电线路，由中国向蒙古国供电。其中，35 千伏塔蒙线于 2009 年建成投运，由新疆阿尔泰向蒙古国科布多省西部三县供电；2 回 10 千伏线路（松蒙线和阿蒙线）分别由内蒙古阿尔山市口岸和呼伦贝尔阿日哈沙特口岸向蒙古国松贝尔口岸和乔巴山口岸送电。国家电网通过优质可靠的供电服务，促进了中蒙边境地区经济的发展和民生的改善。

案例 4-1

扎根中蒙边境，守护中蒙光明

新疆青河县塔克什肯镇是我国边境口岸镇，与蒙古国科布多省接壤，是中蒙重要的贸易通道。2009 年，应科布多省的请求，我国援建蒙古国布尔干县 35 千伏变电站和 68 千米 35 千伏中蒙输电线路，科布多省西部三县 2.1 万户居民从此用上了稳定的“中国电”。从那时起，塔克什肯镇供电所所长王丛新带领员工，开始了对蒙古国西三县长达十多年的供电服务。

在多年的跨国服务中，王丛新和同事们多次参与对蒙古国电力设施的抢修援助。王丛新往返中蒙之间50余次，用“中国电”为蒙古国保驾护航。他连续四年获得蒙古国“特别贡献勋章”，还被授予“蒙古国最受欢迎的公民”称号。但最让王丛新感到欣慰的并不是这些荣誉，而是自己通过一次次服务获得的蒙古国居民的真情实意——曾有蒙古国居民为了留宿巡线的王丛新而“争夺”他；曾有不认识的蒙古国老人担心身处异乡的他遇到危险，连续几天陪他到深夜；曾有退休的蒙古国电力员工约他重走巡线路，畅谈未来两国电力发展……

十多年来，源源不断稳定的“中国电”，为蒙古国三县居民的生活带来了变化。塔克什肯镇供电所被称为“国门上的供电所”，王丛新和同事们凭借精湛的专业技术和十多年如一日的倾情服务，赢得了蒙古国客户的高度认可和赞誉，中蒙供电线路也因此被称为中蒙友谊之线。

4.1.3　菲律宾棉兰老岛至维萨亚联网工程示范项目

2017年5月，首届“一带一路”国际合作高峰论坛期间，在中国国家主席习近平和菲律宾总统杜特尔特的共同见证下，国家能源局与菲律宾能源部签署了《关于能源合作的谅解备忘录》，进一步加强中菲两国在电力领域合作，共同推动菲律宾棉兰老岛至维萨亚联网工程示范项目实施。

项目由菲律宾国家电网公司组织实施，采用±350千伏并联小双极常规直流方案，一期输电容量450兆瓦，二期规划输电容量900兆瓦。一期工程新建2座直流换流站、2座接地极站、213千米直流架空线路、92千米直流海底电缆，以及配套230千伏和138千伏交流输变电线路197千米。

图 4-2 菲律宾棉兰老岛至维萨亚直流联网工程示范项目换流站

棉兰老岛至维萨亚直流联网工程示范项目是实现菲律宾电网全国联网的核心项目，也是有史以来菲律宾投资最大的输变电项目。项目建成后，菲律宾将形成三大岛群联网的全国统一电网，进而推动菲律宾全国统一电力市场建设，对于菲律宾实现能源资源更加高效、可靠、清洁的优化配置和菲律宾经济社会长远稳定发展具有重要意义。

作为菲律宾国家电网公司的单一最大股东和技术支持方，国家电网积极推动该示范项目，通过“投资—建设—运营”带动国内技术、装备、标准一体化“走出去”，中国南方电网有限责任公司、中国西电集团公司和中国电力建设集团有限公司等 5 家中资企业承揽相关工程。

4.1.4 希腊克里特岛联网项目

2019 年 11 月，在中国国家主席习近平和希腊总理米佐塔基斯的共同见证下，国家电网与希腊国家电网公司（IPTO）共同签署了《希腊克里特岛联网项目股权投资意向协议》，以促进电力基础设施互联互通，深化中希能源领域务实合作，服务和推进“一带一路”建设。

克里特岛是希腊最大的自主发、供电岛屿，尚未与希腊大陆联网。为解决岛上燃油发电成本高、污染重等问题，IPTO 采用 ±500 千伏柔性直流输电技术建设联网工程，大幅降低岛上用户用电成本，改善生态环境，推动岛上可再生能源开发利用。

克里特岛联网项目由 IPTO 投资、建设和运营。2017 年，国家电网成功投资 IPTO 24%股权，成为 IPTO 重要的长期战略投资者。IPTO 是希腊输电系统的拥有者和运营者，负责输电系统运营、维护和开发，希腊电力市场管理，以及与其他国家的国际互联。双方在中希两国元首见证下签署协议，为国家电网在希腊深入开展能源基础设施项目提供了新的机遇。

图 4-3　希腊克里特岛联网项目海缆敷设

2020 年 12 月，克里特岛联网一期项目在希腊基础设施项目专业网站举办的“2020 年度基础设施项目”在线评比中获得票选第一名。据悉，该评比旨在选出每年对希腊产生重要影响的基础设施项目，是希腊较有影响力的奖项。2021 年 5 月 20 日，希腊环境能源部部长和 IPTO 首席执行官共同宣布克里特岛—伯罗奔尼撒联网项目建成通电运行。这标志着希腊第一大岛屿与欧洲大陆电网首次实现电力互联，结束了克里特岛自主发供电的历史，推动希腊向清洁能源转型迈进重要一步。

国家电网将继续充分发挥自身在电网建设、运营和管理方面的综合优势，积极分享柔性直流输电技术经验，为该项目的实施提供专家支持、技术交流和人员培训，以保障项目的顺利实施。

4.1.5 中韩电力联网项目

2017 年 12 月，国家电网与韩国电力公社及全球能源互联网发展合作组织签署了三方协议，商定基于中韩日电力联网预可研成果，并将中韩联网作为首期工程共同推动，研究从中国威海通过海底电缆向韩国仁川送电 200 万千瓦的可行性及可行商业模式。工程采用 ±500 千伏超高压直流海底电缆，海缆总长约 351 千米，海底最深约 82 米。项目现已完成预可研报告编制，初步结论表明项目总体技术经济可行，电价具有一定竞争力。中韩双方目前正就合作协议进行积极讨论，并着手开展项目前期工作。

中韩电力联网项目对落实和推动“一带一路”基础设施互联互通、促进中韩两国能源电力合作具有重要意义。国家电网将在政府统筹协调下，与韩国电力公司稳妥推动项目前期工作和项目的实施。

4.1.6 中尼电力联网项目

2018 年 6 月，国家电网与尼泊尔电力局签署了《中尼电力联网可研合作协议》，由国家电网牵头开展项目可行性研究工作。工程范围初步设计为在西藏境内新建 1 座 ±125 千伏、容量 75 万千瓦（远期可增容扩建）常规直流背靠背换流站，考虑与拟建的吉隆 500 千伏变电站合建，一侧在合建站接入西藏 220 千伏交流电网，另一侧通过 2 回 400 千伏交流线路接入尼泊尔电网，新建线路长度约 2×159 千米，其中西藏境内 2×79 千米，尼泊尔境内 2×80 千米。

尼泊尔经济发展潜力较大，该项目的开展与落实将深化中尼两国电力领域合作，促进两国睦邻友好合作关系。

4.2 国际能源电力合作成效

增加与周边国家政治互信。国家电网围绕“一带一路”建设，积极推进与周边国家电力基础设施互联互通，已建成中俄、中蒙、中吉等 10 条跨国输电线路，现有电力互联线路保持稳健运行，累计交易电量已超过 330 亿千瓦时，解决了当地无电和缺电问题。通过开展电网互联互通建设，有助于我国与俄罗斯、蒙古国等周边国家持续加强合作，持续保持政治互信。

巩固我国能源安全与稳定供应。与周边国家开展电网互联和跨境电力贸易，通过能源资源调剂余缺，有利于实现我国电力能源资源品种和来源地多元化，提高能源供应风险的应对能力，是贯彻“四个革命、一个合作”能源安全新战略的重要举措。

促进我国双碳目标的实现。与周边国家开展电网互联互通和跨境电力贸易，除了能将水能、风能和太阳能等不可移动的清洁能源以电力形式进行输送外，跨国输电还可以替代部分煤炭、石油等能源的运输，减少化石能源在运输和消费过程中污染物的排放，对于实现清洁绿色低碳和可持续的能源供应具有重要作用。

促进区域协调发展。国家电网通过开展希腊克里特岛联网项目，大幅提高岛上电力系统可靠性和供电质量，降低岛上用户用电成本，改善生态环境。在菲律宾、希腊开展岛屿联网项目，解决了当地无电和缺电问题，在促进设施联通、区域经济协调发展等方面发挥了重要作用。

5 国际交流与合作

国家电网主动服务党和国家外交大局，充分发挥技术优势，大力推动标准国际化，积极参与“一带一路”国际合作高峰论坛、世界经济论坛、中国国际进口博览会等外交活动；充分利用大型国际会议、高端对话、双多边合作机制等平台，用国际化语言发出“中国声音”；服务“一带一路”建设，落实“碳达峰、碳中和”国际承诺，推动国际能源转型，参与全球能源治理，讲好“国网故事”，在国际上树立责任的中国中央企业良好形象，不断提升国际影响力。

5.1 标准国际化

标准是人类文明进步的成果，标准助推创新发展，引领时代进步，已成为世界“通用语言”。国际标准是全球治理体系和经贸合作的重要技术基础。标准的国际化是更高层次的“走出去”，是话语权，更是国际竞争力。

国家电网坚持创新驱动发展，特高压、智能电网、新能源并网、大电网运行等一大批电网技术跻身国际领先水平，并在国际上率先建立了完整的特高压交直流、智能电网技术标准体系。在此基础上，国家电网积极参与和推动国际标准制订，为消除技术壁垒、推动技术进步、促进国际电力技术交流与合作作出积极贡献。在响应“一带一路”倡议的过程中，国家电网大力推进与“一带一路”沿线国家的标准对接和互认。截至2020年年底已有525项中国标准在境外的电力建设中得到应用；菲律宾、巴西、巴基斯坦、埃及等国家的电网建设和运行中广泛使用中国标准，推动了中国技术优势向国际竞争优势的转化。

5.1.1 制定国际标准历程

参与国际标准化组织是国际标准化工作融入国际舞台的重要抓手。目前，国家电网参与的国际标准化相关的组织主要有国际电工委员会（IEC）、电气电子工程师学会（IEEE）、国际大电网委员会（CIGRE）、国际标准化组织（ISO）和国际电信联盟（ITU）。

1 IEC

IEC成立于1906年，是世界公认的最具权威的三大国际标准化组织之一。IEC负责制定的电工电子及相关领域的国际标准涉及行业热点领域和战略性新兴产业，在相关国际贸易和产业发展中起着举足轻重的作用。

2008年以来，国家电网代表中国主导成立了高压直流输电、智能电网用户接口、可再生能源接入电网、特高压交流输电系统、分布式能源电力系统、电力厂站低压辅助系统、（电网）网络管理、电力机器人等8个新技术委员会。国家电网专家参与IEC活动已经形成一定规模，在推动国际标准化工作上发挥了重要作用。

表 5-1　　国家电网承担 IEC 技术（分）委员会职位情况

委员会编号	名称	成立时间	承担职务	备注
TC85	电工与电磁量测量设备技术委员会	—	秘书处	2003 年接管
TC115	100 千伏及以上高压直流输电技术委员会	2008 年	秘书处	主导成立
PC118	智能电网用户接口项目委员会	2011 年	秘书处	主导成立
SC8A	可再生能源接入电网分技术委员会	2013 年	秘书处	主导成立
TC122	特高压交流输电系统技术委员会	2013 年	主席	主导成立
SC8B	分布式能源电力系统	2017 年	秘书处	主导成立
PC127	电力厂站低压辅助系统	—	秘书处	主导成立
SC8C	（电网）网络管理	2020 年	秘书处	主导成立
TC129	电力机器人	2021 年	秘书处	主导成立

2 IEEE

IEEE 是全球最大的专业技术组织之一，致力于推动电工技术在理论方面的发展和在应用方面的进步。该组织拥有来自 160 多个国家的约 40 万会员。2010 年 5 月 24 日，国家电网与 IEEE 在北京签署了合作谅解备忘录，重点在国际标准领域加强双方合作。

多年来，国家电网与 IEEE 在智能电网、特高压及其他相关领域实现了互利互惠，推动了电力和能源领域的技术进步。截至 2020 年年底，国家电网在 IEEE 正式立项 31 项标准提案；69 位国家电网专家成为高级会员、1 位专家成为会士。通过与 IEEE 建立战略合作伙伴关系，扩大了国家电网在国际学术领域的影响力，提升了其在国际标准制定中的话语权。

3 CIGRE

CIGRE 是世界领先的电力系统组织之一，业务涉及技术、经济、环境、组织、管理等方面。其宗旨是促进各国工程人员与技术专家之间的交流，总结技术发展现状和国际实践经验，实现知识和信息增值。

国家电网积极参与 CIGRE 管理工作与技术报告编制工作。在 CIGRE 的 16 个专业委员会中，国家电网担任 9 个专业委员会的中国委员。国家电网先后组织专家积极参与 CIGRE 相关工作组的工作，参与和主导了特高压、能源互联网、电力机器人等相关工作组工作，并在 CIGRE 主导成立了 16 个技术报告组。

案例 5-1

借助 CIGRE 舞台，提升学术影响力[1]

CIGRE 于 1921 年成立于法国，是电网领域历史最久、最具国际影响力的国际组织。其中，D2 专委会是 CIGRE 专耕信息与通信领域的专委会。一直以来，中国人在 D2 专委会中的专家数量少、活动参与程度低、不为其他成员所了解。

国网智能电网研究院有限公司（全球能源互联网研究院有限公司）是国家电网直属科研单位，专业从事全球能源互联网关键技术和设备开发。其计算及应用研究所（简称计算所）重点分析电网深度智能化过程中面临的需要依赖先进计算及智能技术解决的重大问题与共性需求。2019 年 D2 专委会年度工作会上，计算所介绍了国家电网人工智能应用成效，并提出成立人工智能工作组建议。2020 年 4 月，电力人工智能工

[1] 选自《国家电网有限公司国际合作优秀案例》，编写人高昆仑［国网智能电网研究院有限公司（全球能源互联网研究院有限公司）］。

作组正式成立，成为D2专委会中首个由中国专家发起的工作组，且秘书处设在国网智能电网研究院有限公司（全球能源互联网研究院有限公司）。

电力人工智能工作组成立之初秘书处遇到很多困难，一是D2专委会的专家们对国家电网乃至中国的专家缺少了解；二是秘书处和国内单位对CIGRE等国际学术组织规则和运作方式不熟悉、不适应，对工作有效开展造成困难；三是新冠肺炎疫情让工作组的工作平生波折。

“打铁还需自身硬”，要赢得外国专家的尊重，首先要亮一亮自己的“技术肌肉”，碰一碰“学术拳头”。基于人工智能技术的输电线路巡检图像识别一直以来都是计算所的核心业务，无论是技术深度、广度还是业务成熟程度，都处于国际领先地位。经过精心的整理与组织，在确定不泄露技术秘密的前提下，计算所的无人机巡检故障识别案例被展示给了各国专家。借助多份样例与数据，故障图像识别的颗粒度、准确性与技术迭代速度都受到了各国专家的高度认可，秘书处也如愿打响了工作开展的“第一枪”。

“没有规矩，不成方圆”，CIGRE在其近百年的发展历史中形成了一套既有国际组织共性，也有其自身特性的办事准则与规律。秘书处成员们遵守CIGRE的办事规则，配合D2专委会的工作安排，面对大量的规范与说明文件，反复阅读、共同探讨，确保每一项与工作组有关联的条款都被读熟、吃透。不仅如此，针对某些系统的使用说明有英文、法文与葡萄牙文版本，但是缺少中文版本，成员们主动联系CIGRE的管理人员，提交其中文版本，为中国专家铺上一小级“台阶”。

摸清了CIGRE的规则，还要与各国的专家打交道。不同国家的专家各有特点，只有摸清了脾气才能愉快合作。秘书处多位成员拥有海外经历，对各国情况、习俗有较深入了解，便于与外方专家交流。如七月与八月是法国人传统的度假时间，工作响应的速度极慢，定于八月份召开的会议必须要尽早联系法国专家，才能避免他们届时“失联”。

中国专家的技术实力与秘书处的细致工作，得到了 D2 专委会与各国专家的共同认可。电力人工智能工作组目前拥有来自 16 个国家的 30 余名专家，分别来自 ABB、西门子、法国输电公司、美国电科院等知名电力设备企业、电网公司、大学与学术机构。工作组的成员数量、参与者国别数量与专家们的活跃程度均处于 D2 专委会各工作组的前列。由于 CIGRE 规定工作组中单个国家的成员不得超过 3 位，秘书处还不得不婉拒了来自英国、美国等国家的多位优秀专家的加入申请。

现在，电力人工智能工作组已经成为国际专家共同探讨电力领域人工智能技术发展的一线平台。各国专家在输出自身观点的同时，也在不断地吸纳他人的经验，大大推动了电网与电力业务的智能建设与数字化转型。

工作组在承担国际学术交流任务的同时，也成为国家电网在国际第一线的宣传平台，讲出了“国网故事”，道出了“中国方案”。随着 D2 专委会对国家电网专家技术实力认可程度的加深，更多的合作邀请纷至沓来。2021 年 1 月 8 日，由国家电网专家合作撰写的《电力工业物联网技术与应用》发表在了 CIGRE 官方网站 News Letter 栏目中，这是中国专家首次在 D2 专委会相关栏目中发表文章。CIGRE 印度分部也邀请中国专家就电力智能化转型专题开展讲座。

4 ISO

ISO 是标准化领域的一个国际性非政府组织，负责世界绝大部分领域的标准化活动，现有 165 个成员（包括国家和地区）。其主要活动是制定国际标准，协调世界范围的标准化工作，开展信息交流，与其他国际组织合作，共同研究有关标准化问题。2020 年，国家电网牵头申请的《民用轻小型固定翼无人机飞行性能检测方法》和《民用轻小型无人机低气压检测方法》标准正式在 ISO 立项，这是国家电网首次在 ISO 主导立项国际标准。

5 ITU

ITU 是主管信息通信技术事务的联合国机构，负责分配和管理全球无线电频谱与卫星轨道资源、制定全球电信标准、向发展中国家提供电信援助、促进全球电信发展等。ITU 由代表大会、理事会、秘书处和无线电通信部门（ITU–R）、电信标准化部门（ITU–T）、电信发展部门（ITU–D）组成。2020 年，国家电网牵头申请的国际标准——《基于物联网的电力基础设施监控系统要求》在 ITU 立项，这是国家电网首次在 ITO 主导立项国际标准。

5.1.2 国际标准工作成效

1 国际标准制定情况

国家电网结合我国智能电网的实践确定了标准化战略，充分利用在特高压、智能电网等领域的技术优势，加快自主创新成果向国际标准的转化。依托在 IEC、IEEE、CIGRE 等国际组织的影响力，截至 2020 年年底，国家电网已经立项的国际标准达 84 项。其中，在 IEC 立项 56 项，在 ISO 立项 1 项，在 IEEE 立项 27 项。

2 标准“走出去”情况

国家电网结合境外项目，全力推广中国标准“走出去”。国家电网按照《标准联通共建“一带一路”行动计划（2018—2020）》的部署，通过境外投资、建设电网项目，积极推动“一带一路”沿线国家标准联通。国家电网与巴西、泰国、马来西亚、波兰、巴基斯坦等 50 多个国家在特高压、智能电网、新能源等领域开展国际标准领域的合作，已有 525 项中国标准在“一带一路”相关国家电力建设中得到应用。

图 5-1　国家电网主导制定的部分国际标准

2010 年以来，巴西借鉴国家电网的先进检修技术规程，对输变电设备运行检修规程类行业和企业标准进行补充和修订。在巴西美丽山特高压输电项目中，大量借鉴或采用中国技术标准。国家电网建设的埃塞俄比亚 GDHA500 千伏输变电工程，是目前非洲最先进的输变电工程，工程采用总承包，按照统一标准建设。国家电网在巴基斯坦投资建设的具有完全自主知识产权的默拉直流项目，是巴基斯坦第一条高压直流输电线路，项目建设也应用了大量中国和国家电网标准。

此外，国家电网在承包建设的肯尼亚、巴基斯坦等国家电力工程和尼日利亚智能电能表本土化生产等项目中大量、甚至全部采用中国标准，有力促进了我国电力技术和电工装备“走出去”。

5.2 国际交流

国家电网以服务“一带一路”建设为中心，以落实国际化战略为目标，构建了完善的国际交流工作制度体系、组织体系和工作机制。紧跟国家外交大局，与世界经济论坛（WEF）、国际可再生能源署（IRENA）、爱迪生电气协会（EEI）等二十多个知名国际组织开展务实交流，与国际电力企业在管理、技术、人才等领域开展综合性、跨平台、跨区域的务实合作，积极参与国际会议，宣传国家电网战略和发展成效，探索出了具有国家电网特色的国际交流合作管理体系和发展模式。

5.2.1 务实高效开展国际交流

1 服务“一带一路”建设和国际能源合作

国家电网紧跟国家发展方针，服务“一带一路”建设，积极配合国家领导人外交活动，创新开拓与“一带一路”沿线国家的合作交流方式，助力“心联电通”，推动国际能源合作。

主动服务国家外交大局。积极参加世界经济论坛、中国国际进口博览、“一带一路”国际合作高峰论坛、金砖国家工商峰会等重要会议。在对外交往中，积极推动落实习近平主席和外国领导人达成的重要共识，为国家之间的合作交流提供国家电网智慧。2017 年，国家电网在世界经济论坛年会暨冬季达沃斯论坛的能源管委会闭门会上，发起了“‘一带一路’建设背景下能源合作”倡议，倡导以绿色方式解决“一带一路”能源贫困、提高能源供应保障能力，探索技术、政策和商业等方面的解决方案，取得积极成效。

开展对外培训交流。国家电网坚持开放和互利共赢的理念，积极主动为“一带一路”沿线国家和地区的同业人员开设培训班，一方面邀请外籍人士来华进行学习和交流，另一方面也带队前往当地开展培训，为未来的长远合作奠定了基石。截至2020 年年底，国家电网下属的国网技术学院共承办各类国际化培训交流项目 36 期次、参与人员 961 人次，学员遍布亚洲、欧洲、非洲、北美洲及拉丁美洲的 53 个国家和地区，其中出境执行培训任务 1 次、历时 47 天；接待日本、希腊、尼日利亚、美国等 15 个国家和地区电力企业专家来访 27 团次、共计 173 人次。与南非电力公司（ESKOM）、菲律宾国家电网公司（NGCP）、港灯公司、莫斯科斯科沃管理学院、葡萄牙国家能源网公司等建立了稳定的沟通渠道。

案例 5-2

开展研讨交流，服务“一带一路”电力合作[1]

2017 年 9 月，国网技术学院代表国家电网与港灯公司、西安交通大学、香港理工大学四方签署《谅解备忘录》，发挥各自产业和学术优势，面向“一带一路”沿线国家及地区的能源电力高级管理人员开展研讨交流活动。截至 2020 年年底，项目已连续举办三届，香港特别行政区政务司司长张建宗均出席致辞，共吸引了来自俄罗斯、葡萄牙、巴西、智利、南非、新加坡、菲律宾、印度尼西亚、泰国、马来西亚、巴基斯坦、缅甸、埃塞俄比亚、尼日利亚、坦桑尼亚等 29 个国家和地区的 202 名政府、高校及电力行业专业人士参加。该项目已成为学企联合、内地香港协作服务“一带一路”的范例。特别是 2020 年，国网技术学院克服新冠肺炎疫情影响，与其他三方共同顺利实施线上培训项目，来自 26 个国家 146 名学员在线完成全部研讨培训，创下了参与人数和国家的新高。相关报道在“一带一路”官方网站、新华网、香港大公报等中英文媒体均有刊发，影响力持续扩大。

[1] 选自《国家电网有限公司国际合作优秀案例》，编写人苏庆民、高楠楠、荣潇、张瑶瑶（国家电网有限公司技术学院分公司）。

图 5-2 2020“一带一路”能源电力高级管理人员线上研讨班

项目首创了陆港协作、产学融合、共同服务“一带一路”建设的跨地域组织模式，举办的技术讲座、专题研讨、文化交流等活动首先为“一带一路”沿线国家和地区能源电力界人士了解中国电力、中国能源的发展打开了一个全新的窗口，打造了以特高压、智能电网、能源互联网为代表的中国电力闪亮名片。

国际化人才队伍建设。国家电网国际化事业的蓬勃发展与国际化人才队伍建设密不可分。国家电网高度重视国际化人才培养工作，将建设一支高素质、复合型的国际化人才队伍作为“人才强企”战略的重要组成部分，对国际化战略实施发挥了重要支撑作用。

十年来，国家电网根据自身国际业务发展需要，开展出国培训、邀请外国专家讲学、英语培训、翻译人员培训等活动，培养输送国际化人才，并在国际化人才培养研究、师资课程开发、培养项目实践等方面取得了丰硕成果。

国际化人才培养实现了从探索起步到行业引领，从面向中国学员到面向外国学员，从培训英语到培训多语种，从线下校园培训到线上全球培训，既有针对普通员工的技能培训，也有对高级管理人员的战略和领导力培训。自 2007 年以来，国网高级培训中心正式立项举办各类国际化人才培训项目 57 项，涵盖外语技能、专业管理、综合素质等多类国际化培训项目，并择优选派人员到驻外机构、单位工作或实岗锻炼，大批驻外人员担任了重要管理和技术职务。

案例 5-3

开展高级管理人员境外培训，提升经营管理水平

国家电网共开展高管人员境外培训任务 18 期，培训高级管理人员 339 人。

学员构成：由国家电网领导带队，以总部部门和子分公司负责人等高级管理人员为主。在培训模式上，选择国际知名企业和国际一流机构进行合作，开展培训和交流。

培训内容：围绕国家电网生产经营面临的重大现实问题设置培训专题，涉及全球经济趋势和能源业展望、电力企业的共享服务、卓越绩效资产管理、领导力开发、智能电网、电动汽车发展、ERP 电力信息化建设、国际化运营、人力资本和电力行业创新等方面。

授课讲师：包括专家、学者、政府官员、公司高管等，兼具深厚的理论基础和丰富的实践经验。

培训形式：灵活多样，采取了讲授与交流研讨相结合、课堂学习与调研考察相结合、理论与案例教学相结合等形式。

整个培训项目制作培训学习成果汇编 18 本，完成培训总结 300 多篇。大量学习成果已运用到推动创新发展的实践中，有效提升了经营管理水平和国际影响力。

此外，国家电网通过国际化案例开发、承办“一带一路”援外培训班、举办服务“一带一路”论坛，充分发挥了讲好“中国故事”、促进国际能源合作的作用。

2 积极高效参与国际组织相关工作

国家电网重点推进与国际组织和合作机制的务实交流，创新交流模式、拓宽交流维度，派遣专业人员赴重要国际组织开展工作，与合作伙伴在管理、技术、人才等领域开展综合性、跨平台、跨区域的务实合作。

（1）深入参与全球可持续电力合作组织（GSEP）相关工作。参与完成《电气化促进低碳社会所面临的挑战：公用事业单位在供需两侧的预期角色》等多项年度政策报告。派员赴日本和意大利参加 GSEP 年度峰会，派遣专家赴比利时参加 GSEP 电气化对话等相关活动，通过与其他会员单位和参会代表的沟通，向各国电力公司介绍国家电网推进电气化发展的经验与能源互联网建设实践，交流推进电气化的创新技术和加速电气化的政策设计。国家电网发起的电动汽车专题网络讲座成为 GSEP 成立以来参与人数最多的在线交流活动，得到了各国成员单位的热烈欢迎和积极响应。

（2）派驻员工赴 IRENA 交流，并合作提案。组织直属单位筛选并派遣年轻专家赴位于阿联酋阿布扎比的 IRENA 国家支持与合作中心（CSP）和位于德国波恩的 IRENA 创新与技术中心（IITC）开展为期 1 年的交流工作。在 IRENA 向清洁能源部长级会议（CEM）提交的《清洁能源转型下的长期能源发展情景》提案中，国家电网成为其合作伙伴。

（3）通过爱迪生电气协会（EEI）开展创新应用推广。通过爱迪生电气协会相关会议向国际同行分享国家电网在配、售电领域的创新应用案例，扩大了国际影响力。国家电网提交的电动汽车和港口岸电项目发表于美国国家可再生能源实验室编撰出版的《21 世纪电力公用事业创新应用实例报告：全球综述》，其智慧车联网项目获得爱迪生电气协会颁发的国际爱迪生奖。国家电网成为首个获得该项殊荣的中国电力企业。

（4）积极参与国际大城市供电组织（IUWG）活动。国家电网积极参与 IUWG 相关论坛，分享中国大电网安全稳定运行的经验，交流大城市供电安全面临的问题和应对措施。应国际同行邀请，在 2020 年新冠肺炎疫情期间通过线上会议的形势介绍了国家电网疫情防控经验。

案例 5-4

分享“中国经验”，助力疫情防控[1]

2020 年伊始，新冠肺炎疫情肆虐全球，原定 4 月举行的国际大城市供电组织（IUWG）会议被迫延期。主办方美国芝加哥电力（ComEd）及时调整方向，牵头发起专题线上会议，旨在交流各成员单位抗疫经验，汇聚同行力量，共克时艰。

首次新冠肺炎疫情防控线上专题交流中，国网上海电力参会代表圆满完成发言和答疑环节。会议发起方的美国芝加哥电力代表对国网上海电力防疫举措称赞不已。

第二次线上交流聚焦于电力公司如何支撑全行业复工复产，国网上海电力就人员管理、施工现场、工作场所、客户服务、防疫宣传等方面的防疫及复工复产相关经验进行分享。

通过两次疫情防控“云端会议”和持续跟踪开展的问卷往来，国网上海电力以有效的防疫措施、显著的防疫成果，向国外同行展示了始终坚持人民至上、生命至上的“中国倡议”，以及风雨同舟、众志成城的“国网力量”。

---

[1] 选自《国家电网有限公司国际合作优秀案例》，编写人肖其师、陈琦、严石（国网上海市电力公司）。

3 注重“走出去”与“引进来”相结合

国际交流具有双向性。国家电网一方面通过国际交流拓展国际业务，投资开发境外市场，引进国际先进技术和管理理念，助推了国内业务发展；另一方面也为国际社会了解中国市场提供了一扇窗口，为其他跨国电力企业了解国家电网提供了便利，从而实现互利共赢的长远合作。

开展国际同行交流访问。在国家“一带一路”倡议和“走出去”战略指引下，国家电网深化与国际同行企业战略合作，借鉴先进经验，深挖国际合作潜力。国家电网每年与日本东京电力公司、丹麦国家电网公司、法国电力公司等国际同行定期开展交流活动，双方就能源互联网、新能源发展、电力市场和能源服务等议题展开深入交流探讨。2019 年 3 月，国家电网组织开展与日本东京电力公司交流活动，双方就电网最核心的安全生产、人身安全防护和安全教育等内容进行了专题深入交流。交流期间，还专门安排日本团队访问了国网技术学院，实地参观了国家电网应急安全培训基地。

深化国际同行务实合作。为落实与国际能源电力企业签署的合作备忘录，国家电网与法国电力、丹麦国家电网公司、韩国电力公社等国际知名能源企业开展定期专题交流。通过举办技术研讨会、开展人员交流培训等形式，将协议内容做深做实，推动国家电网下属各省公司、产业单位、科研单位与国际同行的务实合作。国家电网与新加坡能源合作，共同推进可再生能源项目开发，探索包含“产品、建设、调试、运营”的端到端能源解决方案。国家电网直属单位中国电科院与美国 ADI 公司开展了多项联合研究，研发出输电线路芯片级传感器创新解决方案，监测传感器实现商业化应用。国网能源研究院与美国可再生能源实验室联合开展《清洁电网发展愿景：2020—2050》项目研究，并与德国能源署开展高层交流，探讨项目合作。

案例 5-5

建设国际能源变革典范城市，引领城市能源转型

2015 年，第一届国际能源变革论坛在苏州举办，苏州被确定为永久会址。以此为契机，国网江苏省电力有限公司率先提出建设苏州国际能源变革发展典范城市的战略构想，推进“能源供应清洁化、能源配置智能化、能源消费电气化、能源服务共享化”，打造国际能源变革的思想发源地、理念传播地、技术推广地、产品应用地、产业集聚地。国际能源变革发展典范城市的战略构想得到社会各界和能源行业高度关注。在这样的背景下，国网能源研究院、国网江苏省电力公司与苏州市政府共同组建了国内首个城市能源研究院——国网（苏州）城市能源研究院。

2018 年 3 月，在国家电网见证下，国网江苏电力与苏州市委市政府、德国能源署签订战略备忘录，共同打造同里新能源小镇国际品牌，创新实施交直流微网路由器等 16 项世界首创项目，努力将典范城市建设成为江苏引领能源生产和消费革命的“先行样板”和国家电网推动能源变革发展的“世界名片”，提升在国际能源变革领域影响力。

同里区域能源互联网示范区一期工程按期实现了建设目标，在 2018 年第三届国际能源变革论坛、“一带一路”能源部长会议等重大活动期间得到充分展示。一期工程投运以来，共接待国内外政府官员、能源行业专家学者等共计 610 余批次，超过 1.2 万人次，形成广泛影响。

国内外技术交流互鉴。党的十九大报告指出，中国开放的大门不会关闭，只会越开越大。要以“一带一路”建设为重点，坚持引进来和“走出去”并重，遵循共商、共建、共享原则，加强创新能力开放合作，形成陆海内外联动、东西双向互济的开放格局。国家电网高度重视国内外技术交流，利用驻外机构和境外运营资产公司当地优势，开展技术交流互鉴。

案例 5-6

积极开展技术交流互鉴，推动清洁能源消纳国际合作

2016 年 5 月，葡萄牙全国连续 4 天实现电力供应完全依赖可再生能源。国家电网作为 REN 第一大股东和重要合作伙伴，双方在德国召开新能源发展与技术国际研讨会，与 IRENA、德国能源署、丹麦国家电网公司等签署新能源合作框架协议，积极借鉴吸收欧洲在新能源消纳方面好的做法，共同推进全球能源绿色转型，对促进我国新能源消纳和持续健康发展，发挥了重要作用。

中国驻德国使馆以《中德能源合作引领全球能源转型——国家电网对德创新合作的范式》为题上报党和国家领导人，对国家电网国际合作成果给予高度评价，李克强总理对此作出重要批示。

在相互借鉴的基础上，2017 年 6 月，青海省在全国首次连续 7 天全部使用清洁能源供电；2018 年 6 月，连续 9 天全部使用清洁能源供电；2019 年 6 月，连续 15 天全部使用清洁能源供电，不断刷新全清洁能源供电的世界纪录。

4 高质量举办顶级国际会议

国家电网积极承担推动国际能源电力发展的责任，踊跃参与国际社会各界的大型会议，在“交朋友”的同时，交流思想、分享成果、拓展互利互惠的合作机会，为公司持续开拓国际新业务提供有利渠道。

通过多年的国际交流工作，国家电网在国际能源电力领域已经形成了较大的影响力。近年来，国家电网与更多的国外企业、国际组织交流互动频繁，且多次举办具有较强影响力的国际论坛和会议。

国家电网以国际会议为平台拓宽朋友圈，以正式和非正式的形式，搭建人际网络，拓宽合作机会。国家电网积极参与各有关国际会议的务实交流，立足核心战略、聚焦重点关切问题，在高端国际会议上主动发声，不断深化在能源转型与可持续发展、能源互联网建设、推动可再生能源并网与电气化等领域的交流合作。

案例 5-7

举办能源转型国际论坛，彰显大国重器责任担当

2020 年 11 月 10 日，2020 能源转型国际论坛成功举行。本次论坛由国家电网与世界经济论坛（WEF）共同举办，中国科学技术协会联合主办，国务院国资委支持。论坛以“能源转型与后疫情时代可持续发展”为主题。

图 5-3　WEF 执行主席、创始人施瓦布在 2020 能源转型国际论坛上致辞

外交部、国务院国资委、发展改革委、能源局、商务部等5部委相关领导，24位驻华大使及外交使节，9个知名国际组织主要负责人，42家国内外能源电力企业及行业协会负责人，来自五大洲54个国家的全球知名研究机构、金融机构、法律机构高层管理人员，知名专家学者共500余人通过线上或线下方式出席此次论坛。

这次论坛第一时间贯彻落实习近平主席在第七十五届联合国大会上有关“碳达峰、碳中和”的国际承诺，论坛主题高度契合当前能源转型热点，宣传了人类命运共同体理念，彰显了国家电网全面落实中国倡议的政治站位，充分展现了国家电网作为大国重器的责任担当。

5.2.2 国际交流工作成效

服务“一带一路”建设。国际交流工作是国家电网服务党和国家工作大局，落实国家外交战略和能源战略，推动“一带一路”建设的重要抓手。随着国际交流层次的不断提升，国家电网在重大外交场合、国际国内重要活动和国家重大战略部署中发挥了不可替代的作用。国家电网在“一带一路”国际合作高峰论坛、“一带一路”企业家大会、世界经济论坛、国际进口博览会等重大活动上积极响应“一带一路”倡议，展现中国中央企业形象，为国家外交大局贡献了重要力量。

助力全球能源治理。随着国家电网在国际组织中影响力的不断提升，国际社会越来越多的希望听取国家电网的先进经验和成功案例。国家电网参与完成了GSEP多项年度政策报告，向各国电力公司介绍国家电网推进电气化发展的经验；通过EEI向国际同行分享国家电网在配、售电领域的创新应用案例，向美国国家可再生能源实验室提交国家电网电动汽车和港口岸电项目案例；在世界能源大会、新加坡国际能源周、全球电网论坛、柏林能源转型论坛、国际可再生能源大会等众多行业内具有重要影响力的国际会议上发表演讲，分享国家电网在促进能源转型、推动能源互联网建设等方面的经验与成果，为实现全球能源可持续发展作出积极贡献。

推动软实力提升。国家电网“朋友圈”不断扩大，与国际同行的交流取得显著成效。截至 2020 年年底，已经与丹麦国家电网公司、葡萄牙能源网公司等多家国际知名电力企业签署能源合作框架协议，目前有 15 项协议在执行中。国家电网发挥在技术、资金、管理、品牌等方面的优势，与国际知名电力企业开展深入交流，展现全产业链一体化“走出去”的竞争实力，服务高质量运营境外资产和推进重大项目落地实施。通过技术分享与人文交流传播公司专业形象，凸显国家电网在促进能源生产和消费革命、引领能源行业转型发展、实现“双碳”目标方面的枢纽作用。

案例 5-8

贡献智库力量，深化“一带一路”研究

国家电网下属国网能源研究院承担了国家发展改革委、国家能源局、国务院国资委等部委安排的《中央企业“十三五”国际化经营战略研究》《“一带一路”国际能源合作专项规划研究》《“一带一路”重点国家投资环境分析报告》《“十四五”时期国有企业提升国际化经营水平研究》等 30 多项国际化相关课题研究任务，支撑和服务政府决策；参与研究和起草了国家能源局《“一带一路”能源合作专项规划》、国务院国资委《中央企业“十三五”国际化经营实施纲要》等重要文件；《“一带一路”背景下国际电力合作研究》曾经获得国家能源局软科学优秀成果奖等奖项，得到国家发展改革委的表彰。出版《中国与“一带一路”沿线国家能源合作研究》《“走出去”价值论》等专著；发表核心期刊论文数十篇，为能源电力企业、中央企业推动“一带一路”建设提供了大量理论支撑和实践参考。

国家电网下属的国网高级培训中心于 2019 年首次承担中央社会主义学院《“一带一路”与中外文明交流互鉴研究》统战高端课题，通过梳理国际业务成果经验和创新实践，总结提炼出一套国际业务工具包（中国企业海外“五通”工具包）、一个进阶图（中国企业海外“五通”共赢进阶图）、一张布局表（中国企业国际业务布局建议表）和十项案例集（国家电网“走出去”与七大文明交流案例），阐述了以国家电网为代表的中国企业国际业务对推进“一带一路”中外文明交流互鉴的重大实践意义和价值。

第二部分

做法篇

国家电网发挥企业综合优势，以市场为导向，以项目为依托，以服务“一带一路”建设为核心，大力推进国际化发展，且发展成效显著。国家电网已经成为服务国家“一带一路”建设的重要引领者和中央企业国际化发展的标杆，其国际化发展的特点体现在以下六个方面：

一是服务大局。“一带一路”倡议是我国构建开放型经济新体系、推动经济全球化深入发展的顶层设计，具有十分重大的现实意义和深远的历史意义。电力是经济社会发展的先行工业。“一带一路”沿线多为发展中国家，电网基础设施较为薄弱，人均用电水平不高，还有 10 亿无电人口，电力建设潜力巨大。深入推进“一带一路”建设，为加快我国电力工业“走出去”，在全球竞争中实现做强做优做大带来新的历史机遇。在服务“一带一路”建设中，国家电网立足企业实际、发挥核心优势，重点开展了三个方面的工作。一是以海外国家级电网和能源网并购及投建营一体化项目为重点，打造“走出去”的桥头堡，先后成功投资运营 9 个国家和地区的骨干能源网。二是以互联互通为重点，推进跨国电网互联，建成中俄、中蒙、中吉等 10 条跨国输电线路，且积极推进中韩、中尼等跨国输电工程。三是以电力工程总承包为重点，积极推进国际产能合作，在埃塞俄比亚、波兰、埃及、巴西等多个国家承建大型输变电工程，带动中国装备“走出去”。

二是聚焦主业。2008 年国际金融危机以来，以往较为保守的能源电力市场逐步放开，出现了较多的跨国投资机遇。国家电网始终坚守国有资产保值增值的底线，把重点聚焦在熟悉和擅长的领域，不求暴利、不买“浮财”、不搞投机，以境外受监管的能源电力资产为主，项目坚持好中选优，寻求具有全局带动作用、关系长远发展的长期战略投资机会，以此获取持续稳定的投资回报；重点选择政治稳定、法律健全、监管透明、经营稳健的投资项目，和能够带动电工装备出口和技术管理输出的绿地投资和总承包项目，开展国际产能合作，努力延伸国际业务价值链。

三是立足长远。电网和骨干能源网是重要的基础设施，事关能源安全和民生大计。国家电网立足于长期战略投资者的定位，持续提升项目运营管理水平和经济效益，努力把每个项目建设好、管理好、运营好，在获得合理投资回报的同时提升当地电网建设运营水平，实现落地生根和滚动发展。

四是创新驱动。企业持续发展之基、市场制胜之道在于创新。国家电网正在积极落实“碳达峰、碳中和”决策部署，推动构建新型电力系统，抢占全球能源电力科技制高点，从根本上提升我国电力行业国际竞争力。国家电网积极推动特高压、智能电网等优势技术向标准转化，在国际上率先建立了完整的特高压交直流、智能电网技术标准体系，推动我国成为 IEC 常任理事国。截至 2020 年年底，国家电网累计主导制定国际标准 84 项，显著增强了我国在国际电网领域的影响力与话语权。国家电网积极推进与“一带一路”国家标准联通，巴基斯坦默拉直流项目整体采用中国标准，巴西美丽山水电特高压直流送出项目大量采用中国标准，为中国高端装备“走出去”拿到了通行证。

五是稳中求进。国际一流跨国公司的成功之道，不仅在于技术和资本实力，更在风险防控能力。国家电网始终把风险防控作为重中之重，积极稳健、全程管控，不断强化决策风险控制、并购风险管控和运营风险管控，建立起完善的风险防控体系，提升了国际业务风险控制能力，所有境外投资项目全部盈利，确保了国有资产安全。国家电网制定了系统的风险防范规章制度，通过规范的决策流程防范风险，所有项目均经过党组会深入研究、集体决策，对投资环境、收益、运营等关键环节严格把关。科学设置境外项目管控治理结构，争取与持股比例相对应的权利，确保管控力和股东权益。

六是互利共赢。国家电网在国际化发展过程中，始终坚持互利共赢的基本原则，积极履行社会责任，融入当地社会，赢得了项目所在国政府、合作伙伴和社会各界的信任，树立了负责任的中国企业形象。国家电网在“走出去”过程中，充分发挥技术、管理优势，致力于提升境外项目的技术、管理水平，为合作方和当地社会创造价值、提升能源电力基础设施服务当地经济社会发展能力。

做法篇将从战略引领、模式创新、规范实施、风险防范、三化经营、境外融资和外事管理七个方面，系统梳理总结国家电网国际业务发展实践和做法。

6 战 略 引 领

战略问题始终是最根本的问题。面对复杂多变的国内外形势，国家电网高度重视战略引领，始终坚持从服务国家战略和企业发展战略的高度制定全面连贯的国际化战略，以此推动国际化业务的发展变革。国家电网的国际化战略经历了国际业务转型探索、拓展发达国家市场、全面服务“一带一路”三个主要阶段，目前已形成了完善的战略布局，积累了技术、产业链等多方面战略优势。

6.1 战略环境

21 世纪以来全球能源转型、世界经济调整、“一带一路”建设等国内外形势变化为国家电网开展国际业务带来了一系列历史机遇。在这样的背景下，国家电网开始了国际化发展之路。

6.1.1 全球能源转型

21 世纪以来，发达国家积极推进新能源和可再生能源发展，同时电力基础设施日趋老化，亟须对现有电网进行升级改造。新兴市场国家进入工业化、城镇化快速发展阶段，但由于电网基础设施落后、电气化水平较低，无法满足经济社会的发展需要，亟须将电力作为各国优先发展的重点行业，引进资本、先进技术和装备。与此同时，新能源迅猛发展为电力联网进程提速。欧盟、俄罗斯、巴西、非洲南部等国家和地区对发展远距离、大容量输电技术和智能电网的需求日益迫切。全球电力行业发展势头良好，电力基础设施建设需求旺盛，为国家电网积极开展境外业务布局提供了重要机遇。

6.1.2 世界经济调整

2008 年国际金融危机后，全球经济格局和产业格局进入调整期，世界范围出现一波资产重组浪潮。许多跨国公司为应对前所未有的经营压力和避免资金短缺，加速剥离资产，进行战略重组。这为我国企业参与国际能源电力投资建设，输出特高压、智能电网等技术装备和工程技术服务提供了有利的窗口期。

6.1.3 “一带一路”建设

“一带一路”倡议取得广泛共识，越来越多的国家和国际组织加入“一带一路”建设行列。能源电力作为重要的基础设施，在“一带一路”建设中具有广泛带动作用。

表 6–1　“一带一路”地区电力投资需求

地区	电力投资需求
俄蒙中亚地区	俄罗斯电力设施老化严重，蒙古国和中亚 5 国电力设施升级改造需求较大。2016—2025 年，该地区电力投资需求超过 1500 亿美元
南亚地区	人口多，是全球缺电最严重的地区之一。其中，阿富汗、孟加拉国的无电人口比重分别达到 50%、40%。2016—2025 年，该地区电力投资需求约 2500 亿美元
东南亚地区	经济增长较快，电力基础设施是各国建设的重点，在区域经济一体化推动下，各国电网互联互通进程加快。2016—2025 年，该地区电力投资需求约 3500 亿美元

续表

地区	电力投资需求
西亚地区	正在大力发展新能源，旨在加快能源转型，摆脱对油气的严重依赖，积极培育新的经济增长点。2016—2025 年，该地区电力投资需求约 1900 亿美元
中东欧地区	电力设施老化情况严重，亟须改造升级。2016—2025 年，该地区电力投资需求约 2400 亿美元
非洲地区	无电人口占全球一半，电气化水平仅为 24%，缺电问题长期制约经济社会发展。该地区清洁能源资源丰富，各国均将清洁能源开发作为最重要的支柱产业，2016—2025 年，该地区电力投资需求接近 4700 亿美元

注　根据国际能源署《世界能源展望》历年数据整理。

电网互联互通是“一带一路”建设的重要内容，也是推进“五通”（政治沟通、设施联通、贸易畅通、资金融通、民心相通）的重要举措。“一带一路”地区多为发展中国家。其正处于或即将进入工业化发展阶段，且电力基础设施相对落后，人均能源电力消费水平不高。但同时，这些国家清洁能源资源丰富，电力基础设施投资建设需求较大。部分国家为了拉动本国经济、应对财政困难，推行电力私有化改革，逐步放开电网投资限制，为国家电网国际化发展提供了难得的历史机遇。

6.2 战略优势

国际竞争力是一个企业综合实力的体现。国家电网全面掌握了特高压、智能电网、新能源接入等核心技术。基于此，造就了世界上电压等级最高、系统规模最大、新能源装机并网最多、输电能力最强的特大型电网，世界上唯一的特高压交直流混合电网，也是全球安全运行时间最长的特大型电网。多年来稳健的经营策略，使得国家电网连续 8 年获得三大国际评级机构国家主权级评级，为低成本境外融资和发行企业债券打下了基础。

国家电网将国际化发展作为企业发展的重要战略之一。其立足电网主业，将国际业务重点聚焦在熟悉和擅长的领域，不管是投资并购、绿地项目开发，还是国际产能合作都聚焦电网和能源网领域，充分发挥自身技术优势和管理经验，实现稳健运营。近几年，国家电网充分发挥技术、管理、资信、人才等综合优势，不断取得“走出去”的新突破，形成了国际化发展的核心竞争力。

6.2.1 技术优势

国家电网致力于建成全球电力行业的领军企业，坚持自主创新，取得了一批具有自主知识产权、国际领先水平的创新成果。在特高压输电领域，全面掌握了远距离、大容量特高压交直流输电的核心技术，形成了全套设备制造能力，综合性能指标和研究能力居世界领先水平，实现了中国引领、中国创造。在智能电网方面，掌握了柔性直流输电关键技术，攻克了风电场、光伏电站与电网协调配合的关键核心技术，新能源大规模并网、控制、消纳等方面达到了国际领先水平。国家电网接入的风力发电和光伏发电装机容量均居世界首位。在大电网控制方面，掌握了交、直流混联大电网运行控制技术，建立电网安全预警、决策和控制系统，显著增强了大电网驾驭能力。这些技术优势成为国家电网“走出去”的敲门砖。

案例 6-1

中国特高压技术走出国门，在巴西落地应用

特高压是当今世界电压等级最高、最先进的输电技术。经过多年研究、发展和工程实践，国家电网依托自主创新，掌握了特高压核心关键技术和自主知识产权。截至 2020 年年底，国家电网累计建成“十三交十一直”特高压工程，为我国经济社会发展提供了安全可靠的电力保障。在成功推动中国成为全球率先将特高压输电工程投入商业运营国家的同时，国家电网制定了推动特高压输电技术、标准全球化应用的发展战略。

自2010年进入巴西市场后，国家电网依托于巴西本地化平台——国网巴西控股公司敏锐地把握住美丽山水电站送出工程的技术需求。经过巴西政府能源和电力主管部门与相关技术专家组细致、缜密的论证、研究和审查，最终通过两回送出工程均采用±800千伏特高压直流输电技术的方案。

2014年2月和2015年7月，国家电网连续中标巴西美丽山特高压输电一期、二期项目，并按照投建营一体化管理运作，为解决巴西能源供应问题贡献了中国方案，是共建绿色“一带一路”的重要实践。

许多国家和地区都有发展远距离、大规模输电技术的需求。巴西美丽山特高压输电二期项目的成功实施充分体现了中国领先的特高压技术优势。巴西美丽山特高压输电二期项目也成为中国特高压走向世界的一张“新名片”，有力推动了我国特高压输电技术、电工装备、工程总承包和运行管理一体化“走出去”。

6.2.2 产业链优势

国家电网集电网投资、建设、运营于一体，能够为境外电网项目提供从规划咨询到运营维护的全过程服务，形成了综合性的产业链优势，在境外国家级输电网和大型电网项目竞标中多次胜出。国家电网优化整合内部国际业务资源，加强与“一带一路”沿线国家对接，以工程EPC总承包为重点，建立从技术、装备到设计、施工全产业链“走出去”的国际产能合作模式。

国家电网对下属的电力工程承包、电工装备制造业务的核心产品和目标市场进行重新定位，整合已有的出口渠道和境外营销服务体系，打造国际一流的电力工程装备产业集群。同时，大力拓展亚洲、非洲、欧洲、南美洲等地区的工程总承包、成套设备输出及咨询服务业务，境外工程累计合同额超 460 亿美元。

6.2.3 资信优势

在全球化背景下，信用经济成为全球经济往来的重要内容。国际信用评级是西方信用体系下国际信用地位的核心体现，全面反映企业整体财务风险，对于企业获得资金成本至关重要。国际信用评级是在国际资本市场发行债券和开展境外项目投标的必要条件，优质信用评级有利于境外业务开拓，实现境外低成本融资、投资、运营的良性滚动经营模式，提升国际业务整体盈利能力和竞争力。

国家电网自 2013 年起开展国际信用评级，已连续 8 年获得三大国际评级机构国家主权级评级。此举有效拓宽了其境外融资渠道。国家电网采用境外商业银行贷款和企业债券融资相结合的多渠道融资，有效满足了境外投资并购大额度低成本融资的需求。国家电网通过开展国际评级，促进了公司的科学管理，得到了国际资本市场的认可，提高了国际影响力和市场竞争力。也凭借良好的国际信用评级，国家电网在国际资本市场上树立了良好的企业形象。

2013 年以来，国家电网国际化项目累计境外融资发行企业债券 135 亿美元、28.5 亿欧元、36.5 亿港元，平均融资成本不到 2%。其所有国际业务资金全部由境外低成本融资解决，不占用国内电网投资建设资金，形成了境外低成本融资、投资境外优质资产的良性发展方式，为国际业务提供了强有力的资金保障。

国家电网还充分发挥股东资信优势，应用评级管理方法经验，带动提升境外公司信用评级。向评级机构证明母公司支持力度，助力下属子公司获得高于所在国主权评级的信用评级，以降低其债务融资成本，提升集团整体盈利水平。

6.2.4 管理优势

国家电网投资运营世界上电压等级最高、系统规模最大、新能源并网装机容量最多、输电能力最强的特大型电网，具有世界领先的大电网运行管理能力，保持着大电网安全运行的世界纪录，且没有发生大面积停电事故。这一切的成绩与其严格的管理、严密的制度流程密不可分。在电网管理方面，国家电网长期实行统一规划、统一调度、统一管理，顺应电力系统物理特点和电力生产客观规律，有利于确保电力生产各环节指令统一、步调一致，提高电力系统抵御重大风险能力。在企业管理方面，国家电网实施精益管理工程和提质增效专项行动，加强精准投资管理和全寿命资产闭环管理，促进发展“质”“效”双提升。

案例 6-2

发挥技术与管理优势，支持巴西新能源发展

国家电网派驻巴西 CPFL 公司高管团队在总部的坚强领导下，积极引入国家电网管理经验，自我加压，全面启动巴西苏司兰风电项目自主运维。2020 年，克服新冠肺炎疫情带来的不利影响，精益求精、创新实践，苏司兰风电项目单日可用率最高达 100%，创造了接管 CPFL 公司以来的最高纪录，预计全年增收 4000 万雷亚尔。

（一）苏司兰风电场基本情况

CPFL 公司下辖风电厂共 45 个，总装机容量 1038.6 兆瓦。苏司兰风电场采用印度知名风机制造商苏司兰公司设备，自 2009 年起陆续投运，共有 182 台苏司兰风机，总装机容量 380 兆瓦。由于运维承包商技术力量投入不足，停运机组高于预期，可用率一度低至 76%。面对困境，在国家电网的坚强领导下，前后方团队自我加压，迅速谋划风机自主运维管理方案，果断作出自主运维决策。经过艰苦谈判，于2019年10月终止外包运维合同，全面启动自主运维工作。

（二）多措并举，推动自主运维顺利实施

自主运维以来，前后方团队积极引入国家电网新能源业务运营管理经验，发挥主观能动性，以高度负责的态度，全面开展运维消缺工作。2020年，面临巴西新冠肺炎疫情持续时间长、传播范围广的严峻形势，前后方团队坚决贯彻关于疫情防控和生产经营“两手抓、两不误、两促进”总体要求，中巴团队精诚合作，全面优化检修方案，着力开展风机部件替代品全球采购，努力克服备件供应、吊车转场、工作面因疫情受阻等实际困难，推动自主运维工作顺利实施。

1. 优化策略，全面提高机组可用率

总结前期运维经验，合理制订预防性检修计划，对大部件进行针对性更换，加大消缺力度，减少平均故障时间；面对突发新冠肺炎疫情，团队快速制订应急计划，划分检修工作优先级，全面优化运维策略；同时，加强第三方人员管理，确保疫情防控和风场生产两不误。

2. 调整架构，强化自主运维队伍

组建了由CPFL公司总经理牵头，运维、人资、采购、信息、资金、税务、安监等有关部门共同参与的特别工作组，加强组织保障；择优增补现场运维人员，打造经验丰富的自主运维队伍，保证工作连续性；调整组织架构，单独成立风机运检管理团队，细化职责分工，强化风机自主运维技术管理；制订培训计划，开展自主运维团队检修技术、流程标准化培训，提高自主运维专业技术能力。

3. 未雨绸缪，建立风场安全库存

未雨绸缪、提前行动，及时制定大部件维护替代方案，积极寻找变桨轴承替代供应商并推动建立长期合作；启动检修消缺备品备件需求收

集评估工作，制订备品备件储备计划，提前择优采购，加快备品备件移交到库，推动建立苏司兰风场安全库存，为稳步实施自主运维打下坚实的基础。

4. 总结经验，推广自主运维模式

对运维指标、发电收入、运维成本进行复盘对标，量化评估自主运维表现；不断总结自主运维各阶段的成功经验，结合文化融合工作，形成标准化自主运维流程；积极拓展苏司兰风电场自主运维示范效应，成功实现马卡库斯风电场自主运维，机组可用率提升 2.1%达到 98%以上，预计 2020—2029 年节约运维成本约 1300 万雷亚尔。

（三）成果丰硕，风电自主运维屡创佳绩

实施自主运维后，停运风机逐步“复活”，苏司兰风电场机组可用率指标显著提升，资产质量获得切实提高，运营成本压降效果明显，同时规避了潜在风险，增强了巴西团队开展自主运维工作的信心，得到了 CPFL 中巴双方高管、董事及巴西风电市场的普遍认可，并为下一步深入推广应用打下良好基础。

1. 风电机组可用率显著提高

实施自主运维工作以来，风电机组可用率持续提升。2019 年 1—10 月，苏司兰风电场自主运维前可用率仅为 85.4%；11—12 月，过渡期可用率回升至 88.5%；而 2020 年月平均可利用率突破 93%，全年可增收 4000 万雷亚尔。2020 年 10 月 12 日，风机可利用率单日最高达到 100%，创造了自 2017 年风机制造商撤离以来的最高水平。

2. 有效规避潜在损失

一方面，多种举措迫使原外包运维公司同意撤回原有 4300 万雷亚尔赔，并友好终止合同，解除诉讼风险；另一方面，积极展开现场调查，对原外包运维公司要求我方购买其声称价值 9400 万雷亚尔备品备件进行全面排查，剔除非必须备品备件 6980 万雷亚尔，排查缺失

库存 160 万雷亚尔。以上两项措施有效规避了共计 1.14 亿雷亚尔的潜在损失。

3. 风电运维成本大幅压降

积极开展提质增效，提前采购备品备件，拓宽采购渠道，优化吊车租赁、发电机维修等服务框架协议，大幅压降运维成本。2020 年，自主运维成本较外包运维节约 2170 万雷亚尔；预计 2020—2029 年间，自主运维成本较外包运维预算降低 1.34 亿雷亚尔。

4. 开创了巴西风电自主运维先河

借鉴国家电网管理实践，全面实施预防性检修，推行资产全寿命周期管理，在巴西风电行业首次实现大范围风电自主运维，以自主运维替代外包管理，摆脱了对供应商过度依赖，从根本上增强了生产运行主动权、谈判话语权和行业影响力，打造了技术过硬、管理优秀的员工队伍，全面彰显了国家电网的技术能力和管理水平。

5. 新能源发电业务捷报频传

2020 年 12 月 18 日，CPFL 公司首次 645 台在运行风机全部在线运行，可用率达到 100%，整体风电运维实力显著提升，创造了自 2011 年苏司兰风电场成立以来的历史纪录。在第七届巴西资产管理大会中，CPFL 公司荣获管理策略类第 1 名，科技创新类第 2 名、第 4 名，监管合规类第 3 名。这是该公司首次在巴西资产管理大会上获奖。2020 年，CPFL 公司全面完成了发电公司和新能源公司两阶段整合工作，发挥了常规发电和新能源业务与集团业务之间的协同效应，管理效率和经营效益实现双提升，每年可降低管理成本 2560 万雷亚尔，增加净利润 1690 万雷亚尔，后续通过有效利用税收政策将累计增加收益 3.16 亿雷亚尔。

6.3 战略历程

6.3.1 第一阶段：国际业务转型探索

2007 年，菲律宾政府计划就菲律宾国家输电网 25 年的特许经营权进行招标。2007 年 12 月，国家电网作为主要股东和技术合作伙伴，按照菲律宾国家输电网私有化项目竞标规则要求组成的联合体成功中标了菲律宾国家输电网 25 年的特许经营权，国家电网作为单一最大股东和技术支持方拥有其 40%股权。这是国家电网首次成功中标境外国家级电网的特许经营权，也是中国电力企业“走出去”第一次参与另外一个国家电网运行管理，是自身技术和管理水平在国际上的“试金石”，对于我国电网企业走向国际市场，参与国际竞争和积累国际经验具有“里程碑”意义。

在菲律宾项目之前，国家电网国际业务主要以劳务输出、装备出口为主，在外人员数量多、附加值低、利润薄。通过抢抓菲律宾项目机遇，国家电网国际业务范围从价值链低端的劳务输出、装备出口向价值链高端的资产并购、特许经营、工程总承包、产能合作等领域转变，向国际化经营迈出了关键一步，开启了全面国际化的新征程。

国家电网在开展菲律宾项目过程中，积累了经验，锻炼了队伍，并成立了国网国际发展公司，作为开展国际投资运营的专业单位。2010 年 12 月，国家电网成功收购巴西 7 家特许经营权公司 100%股份，正式进入巴西电力市场，并首次在境外成立全资子公司——国网巴西控股公司。2012 年 12 月，国家电网又成功收购 7 个巴西输电特许权资产 100%的股权，开启了其在拉丁美洲电力市场的深耕之路。

6.3.2 第二阶段：拓展发达国家市场

2009 年年底，希腊政府宣布其财政赤字和公共债务水平远超欧盟规定，随后全球三大评级机构相继大幅度调低希腊主权信用评级，并表示还有进一步调低的可能。欧洲债务危机正式拉开序幕。2010 年起，欧洲债务危机不断蔓延恶化，在危机中受到冲击最大的就是希腊、爱尔兰、葡萄牙、意大利和西班牙这五个国家。在日益严重的债务危机阴影之下，一方面部分国家为应对政府财政困难，开始实施电力私有化改革，出让本国电网资产；另一方面不少大型欧洲能源企业面临资金困难，需要出让部分优质资产以渡过难关。这为国家电网拓展发达国家的电力市场奠定了基础。

欧洲债务危机虽然为世界带来不稳定因素，但是也为国家电网投资并购境外优质核心资产带来了难得的机遇。2012 年 2 月，国家电网成功中标葡萄牙唯一的国家级能源传输公司——REN 25%的股权，成为该公司单一最大股东。REN 股权的中标是国家电网在发达国家电力资产投资的首个突破。

6.3.3 第三阶段：全面服务“一带一路”建设

2013 年，习近平总书记提出“一带一路”倡议，为我国主动参与全球治理、推动形成全面开放新格局提供了科学指引和基本遵循。党的十九大将推进“一带一路”建设写入党章，充分体现了党和国家对“一带一路”建设的重视和坚定推进“一带一路”建设国际合作的决心和信心，也为国有企业把握“一带一路”建设机遇、打造具有全球竞争力的世界一流企业指明了方向。

国家电网作为特大型国有重点骨干企业，世界上最大的公用事业企业和最大的电力公司，积极发挥中央企业“六个力量”作用，有责任、有义务、也有能力主动服务国家战略大局，积极服务和参与“一带一路”建设，在境外投资运营、国际产能合作、电网互联互通、标准国际化等方面取得了显著成效。2014 年 1 月，国家电网成功收购新加坡能源公司拥有的新加坡能源国际澳大利亚资产公司 60%的股权及澳网公司 19.9%的股权；此后，又陆续完成港灯公司部分股权的收购，以及意大利能源网公司 35%股权的收购。2017 年 1 月，国家电网成功收购巴西 CPFL 公司 54.64%股权，并于当年 12 月成功完成 CPFL 公司要约收购，持股比例由 54.64%增加至 94.75%（2019 年 6 月完成增发股份后持股比例降至 83.71%）。2020 年 3 月，国家电网成功收购阿曼国家电网公司 49%股权，这是中国企业对阿曼的最大单笔投资。2020 年 6 月，国家电网成功收购智利切昆塔公司 100%的股权，完成了在西班牙语国家的首次成功投资。

6.4 战略布局

6.4.1 区域布局

鉴于发达国家和“一带一路”沿线发展中国家市场环境特点不同，政治、经济、法律、电力行业发展情况各异，国家电网因地制宜制定了差异化的区域布局思路：发达国家是国家电网开展存量并购和技术交流合作、输出高端装备产品、提高国际影响力的重要市场；发展中国家是国家电网开展投建营一体化和存量并购的重要潜力市场、开展国际产能合作和区域电网互联互通的主要目标市场。

相较于发展中国家，发达国家政局相对稳定，经济开放程度较高，市场环境和法律制度较为完善，企业治理模式较为稳定，且早在多年前电网基础设施就已基本完善，电力行业技术和管理水平较为成熟，但电力行业市场规模渐趋饱和，增速较慢，因此市场风险较小、存量资产较多、收益相对稳定但收益水平相对较低、市场潜力较小，更适合以存量资产并购业务和技术交流合作为主。

发展中国家大部分处于工业化初期阶段，电力需求增速较高，电力行业市场空间巨大，但电气化水平不够高，电力基础设施相对薄弱，电力投资、工程建设和装备产品需求较大，但电力行业技术和管理水平较为落后，且部分国家政局不稳，市场机制和法律制度不够健全，经济体系较为脆弱，汇率和利率波动较大，社会治安状况不佳，因此更适合在风险可控前提下选择稳定的新兴国家开展适度规模的存量资产并购、绿地投资、工程承包和装备出口业务。

6.4.2 业务布局

国家电网的国际业务类型主要有境外存量资产并购和运营、境外投建营一体化、国际产能合作、国际能源电力合作等。

这些不同类型的国际业务之间并不是孤立开展的，而是相互促进和带动的。如境外存量资产并购能够显著提高国家电网的国际影响力、知名度和认可度，在一定程度上助推境外绿地投资业务的开发；在满足境外项目合规要求的前提下，境外绿地投资业务和电网互联互通业务对境外电力工程承包和电工装备出口业务具有一定的带动作用；境外电力工程总承包对电工装备出口业务具有一定的带动作用。

鉴于国家电网在境外电力投资、工程建设、装备制造等方面具备明显的产业链优势，以及技术、标准、资信、人才、管理、品牌等方面的综合优势，在境外项目开发中实现了从投资、建设、运营到技术、装备、标准全价值链“走出去”，在国际上树立了“国家电网”优质品牌，持续快速推动了国际业务发展。

如国家电网开展的巴西美丽山特高压输电二期项目是中国企业在境外独立投资、建设和运维的首个特高压输电项目，使得中国特高压输电技术、电工装备、工程总承包和运行管理的一体化“出海”，实现了电力投资、建设、运营一体化带动技术、装备、标准一体化（“两个一体化”）“走出去”，成为中国在巴西乃至拉丁美洲地区推进“一带一路”建设的重要实践。

6.4.3 组织体系

国家电网不断加强对国际业务的统一管控和专业化管理，形成了较为完备的国际业务组织管理体系。在战略管控方面，国家电网加强顶层设计和系统规划，依托核心技术和管理优势，不断加强对国际业务的统一管控和专业化管理。在组织结构方面，国家电网总部设立了国际合作部作为国际业务的归口管理部门，在重点国家和地区设立办事处作为国际合作部管理职能的延伸；二级单位国网国际发展公司、中电装备公司、国网海外投资有限公司等开展境外投资运营、国际工程总承包和国际融资等业务；设立 45 个驻外机构，作为开展国际业务的“桥头堡”和“前哨站”。

国网国际发展公司：是国家电网实施境外电力能源资产投资运营的全资子公司。投资区位涵盖新兴市场与成熟发达市场，资产类型以受监管的能源电力资产为主。其境外投资运营的电力资产遍及亚洲、美洲、欧洲和大洋洲，实现了发展空间向全球的扩展。

中电装备公司：是国家电网开展国际工程总承包业务的实施主体，致力于国际电力能源领域业务开发和建设。主营业务包括电力工程总承包，电力设备集成与供货，电网调度、运行与维护，以及工程规划、设计、咨询与投融资支持等领域。业务区域覆盖亚洲、非洲、拉丁美洲等 40 余个国家和地区。

国网海外投资公司：是国家电网的境外统一融资平台、境外投资平台和境外资金资产管理平台。主要职责为保障国家电网国际业务资金需求，为境内电网和产业发展引进境外资金。

南瑞集团：是国家电网的直属科研产业单位，是我国能源电力及工业控制领域优秀的 IT 企业，是国际知名的智能成套装备及整体解决方案提供商。主要从事电力自动化及保护、电力信息通信、电力电子、智能化电气设备、发电及水利自动化设备、轨道交通及工业自动化设备、非晶合金变压器的研发、设计、制造、销售、工程服务与总承包业务。

国网信息通信产业集团：是国家电网整合系统内优质信息通信资源成立的全资子公司，是中国能源行业主要的信息通信技术、产品及服务提供商。聚焦芯片及物联网、人工智能、大数据及云服务、通信、管理信息化、运维服务、北斗及地理信息服务、网络及信息安全、综合能源管控等九大业务领域，提供涵盖上游技术服务、中游行业应用和下游基础硬件的产品、解决方案与服务。

各驻外机构：驻外办事处发挥国际业务的“桥头堡”和“前哨站”作用，统筹协调当地资源，开拓当地市场。驻外高管团队负责在总部领导下运营管理境外资产。

7 模 式 创 新

在国际化经营过程中，国家电网通过持续实施全过程模式创新，不断开拓产业链高端环节业务。在存量并购方面，国家电网持续深耕当地市场，以现有境外市场为基础拓展第三国市场，不断优化资本运作，形成了可持续的国际化业务滚动发展模式。在投建营一体化项目方面，国家电网公司通过延伸产业链、优化调配内部资源、创新投融资多元化等方式，不断提升“走出去”的深度和广度，推动我国优势技术和优势产能进军国际市场。

7.1 存量并购项目模式创新

7.1.1 深耕当地市场

为了扩大境外投资规模、规避投资壁垒、增加境外资产收益，最稳健、直接的解决方案就是在境外公司原本经营的基础上进一步扩大资产规模，深耕当地市场，在境外公司熟悉和擅长的领域，利用现有治理框架和监管规则，扩展业务规模和领域。国家电网全力支持境外公司的发展举措，在原则上进行指导，在流程上进行监督，在关键处给予支持。面对当地市场、政策收紧压力和行业地域限制等问题，为提高资产规模和投资收益水平，主要采取三种解决方案：一是在存量资产并购基础上积极拓展绿地投资业务；二是在当地拓展上下游产业链，增强协同效应；三是进一步扩大原有行业的监管资产规模，继续投资当地输配电存量资产。

为了更好实现滚动发展，国家电网对境外公司扩大投资提出要求：一是顺应行业宏观发展趋势、符合境外公司的战略发展方向；二是能够协同优化现有资产组合，提升资产收益和股东回报水平；三是发挥境外公司经营优势，对项目投资和投后运营进行全周期管理。境外公司稳健实施业务开拓，针对股权类项目再投资，重点选择经营稳健、产业带动力大和控制力强的大型项目；针对绿地项目再投资，重点选择能够延伸业务价值链，与现有资产协同价值突出的项目。对于参股公司项目，国家电网充分发挥自身优势，和其他股东一道，优势互补，合作共赢，支持参股公司不断发展。

在每一个具体案例中，国家电网都充分利用自身在投资和运营方面的丰富经验，对投资项目好中选优，相关部门和前方团队组成联合工作组，深入参与境外公司投资项目的研究工作，按照境外公司结构治理依法合规进行科学决策；并利用自身的评级和管理优势为境外公司提供融资支持，优化境外公司财务成本，以利于获得较好的投资收益；在并购整合、绿地建设及运营阶段，将投资阶段的相关假设纳入对项目的建设管理、运营管理和绩效评价中，实现全面闭环管理，持续提升投资专业能力，为下一步深化发展奠定基础。

1 在巴西拓展绿地投资业务

国网巴西控股公司 2010 年 5 月成立以来，深耕巴西市场，紧紧围绕输电特许经营权资产的投资、建设、运营等核心业务，抢抓机遇谋发展，资产规模和效益不断增长。截至 2020 年年底，国网巴西控股公司共有 23 家输电特许权公司，其中 18 家为全资公司、5 家为合资公司（中方持股比例均为 51%）；职工人数 773 人（中方人员 51 人，占比 6.6%）；输电资产覆盖 14 个州，主要分布在巴西经济相对发达的中部和东南部，输电线路总长度1.6万千米，是巴西骨干输电网的重要组成部分；资产总额、输电线路长度分别是2010年收购时的7.9、4.9倍；按监管收入，国网巴西控股公司已经成长为巴西第二大输电公司。

巴西控股公司相继建成投产特里斯皮尔斯水电送出500千伏交流一期、二期项目，以及南美电压等级最高、技术最先进的输电项目——巴西美丽山特高压输电一期、二期项目实现了中国特高压投资、建设、运营带动技术、标准、装备“两个一体化”全产业链、全价值链协同“走出去”。巴西美丽山特高压输电二期项目，实现提前、安全、高质量建成投产和稳健运营，充分发挥国家电网“两个一体化”集团优势，深化落实“走出去”战略，提升了国家电网国际竞争力、影响力。

国网巴西控股公司讲好“中国故事”，扎实开展“跨文化融合专项”项目和国际传播能力建设，牵头当地中资企业宣传中国企业和中国文化，配合中国使领馆开展中巴文化交流活动，展示了国家电网积极履行社会责任的良好企业形象。

2 在澳大利亚拓展上下游产业链

在澳大利亚，国家电网利用技术优势和管理经验，持续开拓优势业务。国家电网在澳大利亚能源市场份额不断提升，新中标资产和在建资产与现有资产发挥协同效应。

澳网公司与法国Neoen新能源公司、美国Tesla公司联合中标维多利亚州300兆瓦大容量储能电池开发项目。该项目是世界最大容量储能项目。

2019年1月，国网澳洲资产公司北气东输管线一期工程历经18个月工程建设，顺利完工投入商业运行。北气东输管线一期工程全长622千米，连接澳大利亚东北部重要输气枢纽点，是唯一一条实现澳大利亚北部领地天然气外送、缓解澳大利亚东部天然气紧缺局面的输气管线，对澳大利亚输气市场具有重要战略意义。该项目是自2014年国家电网投资入股国网澳洲资产公司以来，首次在澳大利亚开展的绿地投资开发项目。在项目决策和实施过程中，国家电网与其他股东充分沟通协作，重视与澳大利亚政府及当地社区的沟通，严格安全管理，在复杂工程环境下保证了零人身伤亡事件发生，在确保项目经济收益稳定可靠的同时，积极实现社会效益。项目基建安全指标达到行业领先水平。该项目的成功实施使得国网澳洲资产公司成为澳大利亚第二大输气公司，为国网澳洲资产公司推进北部管线联网战略、发挥管线协同效应、实现现有输气资产保值增值、强化市场地位奠定了良好基础。

图 7-1　澳大利亚北气东输管线一期工程完工

3　在意大利拓展输配电（气）监管业务

国家电网在欧洲继续扩大资产面临的挑战不断增加。一是优质电力资产投资机会减少。近年来发达国家政府及能源公司资金压力缓解，电力能源资产私有化、出售意愿降低，市场机会减少；部分发展中国家及新兴市场国家政治局势动荡，安全形势严峻，导致项目操作风险较大、可行性较低。二是市场开拓压力较大。各种基金类财务投资者资金充沛，实力雄厚，且偏好收益稳定的受监管资产，投资回报率要求较低，面临的外部竞争加剧，中标难度加大。三是政府监管审批日趋严格。当前部分发达国家市场投资保护主义抬头，全球化进程受阻，境外投资并购通过东道国审批的难度增加。

在这样的背景下，发挥境外现有资产的平台作用，在当地滚动发展，实现“借船出海”，成为国家电网进一步扩大境外资产的重要途径。作为欧元区第三大经济体，意大利投资环境良好。意大利电力和天然气监管政策成熟透明，监管收入随着通货膨胀率的变化而调整，对特定新增投资的激励力度较大，是重要投资地区。意大利国家输电网公司（TERNA）、意大利国家天然气公司（SNAM）、意大利国家配气公司（ITALGAS）均为意大利乃至欧洲能源行业的骨干企业。其中，TERNA的主营业务为意大利境内的输电与电网调度业务，同时经营国际投资、跨国联网、能源效率、清洁能源、变压器制造等业务。

国家电网与意大利国家能源网公司（CDP RETI）的大股东 CDP 集团密切合作，共同支持 TERNA、SNAM、ITALGAS 发展，针对三家上市公司所处的不同行业及自身优势，分别制定了扩大资产规模方式，并落实了具体的合作项目。

2016 年，乘着意大利输电领域并购潮最后的东风，TERNA 收购了意大利铁路部分高压输电资产，所拥有的输电线路长度增加近一万千米。自此，TERNA 持有意大利国家输电网资产超过 99%，进一步巩固其在欧洲输电行业的领先地位。

2017 年，为了规范配气市场，提高供能安全性和服务质量，意大利能源监管局（ARERA）启动配气监管体制最小特许经营权（ATEM）改革，将全国现有的 6455 个配气特许权经营权合并为 177 个 ATEM。一个 ATEM 的配气特许经营权只会授予一家公司，所以此项改革对小微企业具有挤出效应。ITALGAS 抢抓市场机遇，积极开展针对地方性配气企业的并购业务。仅 2017 年 ITALGAS 就完成了 65 个配气特许经营权的收购，而后更是成果显著。根据 2018—2024 年 ITALGAS 战略规划，公司全年新增气表用户 11 万户的战略目标按照里程碑节点已超额完成，为未来配气监管政策改革期在意大利进一步扩大市场份额奠定了良好的基础。

7.1.2 拓展第三国市场

国家电网以境外所属公司为投资平台，将境外资产的布局扩大到乌拉圭、秘鲁、奥地利、阿尔巴尼亚等地，实现了多点开花。随着境外资产布局规模和地域的进一步扩大，国家电网实现了国有资产保值增值，全球资产布局持续优化，塑造了国际能源行业优质战略投资者的形象，打造了中国中央企业境外投资的金字招牌，进一步提升了中国投资者的话语权和影响力。

在意大利，国家电网支持 TERNA 积极开展与周边国家的跨国联网工程。已建成 22 条联络线路，同 5 个国家实现联网，其中连接瑞士 12 条，法国 4 条，斯洛文尼亚 2 条，奥地利 1 条，希腊 1 条，撒丁岛—科西嘉岛—意大利及撒丁岛—科西嘉岛线路各一条；在建的联网线路 3 条，分别是法国—意大利高压直流电缆联网线路、意大利—黑山高压直流海底电缆联网线路和意大利—奥地利高压交流联网线路。

在国际业务方面，2015 年 TERNA 智利公司成立，承接智利一个容量为 90 兆瓦的光伏发电场的并网工程。2016 年 9 月，TERNA 与乌拉圭电力公司签署工程总承包（EPC）合同，工程范围为修建三条 500 千伏的高压线路，工期为 24 个月，合同金额为 7000 万欧元；2017 年 5 月，在秘鲁中标了一条长度为 132 千米、电压等级为 138 千伏的输电线路 EPC 项目，合同金额约为 1200 万美元；2017 年 6 月，从巴西 PLANOVA 集团收购了两个输电特许权绿地项目，投资金额约为 1.8 亿欧元。

意大利在欧洲输气系统中占有重要地位，欧洲四条重要输气走廊中的三条都过境意大利，优越的地理位置为 SNAM 开展国际业务提供了便利条件。SNAM 目前共有五个境外投资项目，总投资额为 19.8 亿欧元。在国家电网入股 CDP RETI 前，SNAM 已收购英国与比利时海底互联输气管线公司 15.75%的股权、法国天然气运营商 TIGF 40.5%的股权。2016 年，SNAM 与安联保险公司组成联营体收购奥地利输气公司（GCA）49%股权，交易金额为 1.35 亿欧元，资产范围包括 564 千米的输气管线、322 千米的配气管线与 5 个压缩站。2018 年，SNAM 与 Enagas 公司和 Fluxys 公司组成的联营体（所占股权比例分别为 60%、20%、20%）以 5.36 亿欧元成功收购 DESFA 公司（希腊国家级天然气运营商）66%的股权。

在葡萄牙，2017 年 2 月，国家电网积极支持 REN 完成了智利 Electrogas 输气资产项目 42.5%股权并购项目，首次在南美实现突破。2019 年 7 月，REN 成功中标智利 Transemel 输电公司 100%股权，实现境外电网业务的开拓。

7.1.3 优化资本运作

1 国网澳洲资产公司出售 AquaNet 水务资产

国网澳洲资产公司成功出售旗下 AquaNet 水务资产 100%股权，项目出售所获得的资金将用于发展澳洲资产公司核心业务，有力提升国网澳洲资产公司的资产质量和盈利水平，增强企业核心竞争力。本项目是国家电网资本运作新战略全球布局的首宗具体案例，既实现了境外资产结构优化，资本有进有出；又从流程上为国际业务大规模、高水平资本化运作探索和积累了经验。

2 巴西子公司开展股份公开发行

CPFL 公司股份增发是国家电网首次主导开展境外上市公司股份的公开发行，也是中资控股企业首次在巴西开展股份公开发行。国际投资者对国家电网控股运营下的 CPFL 公司高度认可，认购踊跃，共有上百家投资者参与认购。发行完成后，国家电网持有 CPFL 公司市场流通股比例由 94.75%降低至 83.71%，在不改变国家电网对 CPFL 公司绝对控股地位的条件下，以高于原始收购股价的价格引进了来自巴西、北美洲、澳大利亚、亚洲等地区的一大批优质国际投资者。这是国家电网创新国际化发展模式、坚决贯彻资本化运作相关战略部署的有力举措，为未来在巴西业务高层次发展奠定了坚实基础。

7.2 投建营一体化项目模式创新

7.2.1 延伸产业链价值链

随着国际业务规模持续发展壮大、项目运作经验不断累积丰富，国家电网逐渐形成了“投资、建设、运营”一体化带动“技术、标准、装备”一体化的两个“一体化”模式，有力推动了全产业链、全价值链的“走出去”，引领我国优势技术、电工装备和优质产能走向世界。

一是延伸业务链条，实现一体化“走出去”。国家电网致力于建成全球电力行业的领军企业，不断加强前沿核心技术攻关，在特高压输电、智能电网、大电网控制等领域取得了一批具有自主知识产权、国际领先水平的创新成果。同时积极参与国际标准制定工作，推进与其他国家标准的互认，提升中国标准影响力，为中国高端装备“走出去”拿到通行证。整合已有的出口渠道和境外营销服务体系，国家电网打造了国际一流的电力工程装备产业集群，实现“技术、标准、装备”一体化，推动国际业务“走出去”，形成了强大的国际竞争力。国家电网建成投运的巴西美丽山特高压输电一期项目，是美洲首个实现商业化运营的特高压输电工程，也是我国特高压技术“走出去”的首个工程项目，在国际能源领域树立了互利共赢、创新合作的典范。巴西美丽山特高压输电二期项目是国家电网在境外首个独立中标、自主建设并全面采用国内设备的特高压直流工程，带动近 50 亿元国产技术、装备和服务出口，推动特高压输电技术、规范和标准的全球化应用，是国家电网推进“一带一路”建设和国际产能合作战略的重要实践。

二是充分发挥龙头企业作用，带动我国电力产业“走出去”。中央赋予国有企业“六个力量”重要作用，要求国有企业要成为“走出去”和“一带一路”建设的重要力量。近年来，随着“走出去”步伐加快，我国企业在电工装备和电力工程领域的竞争越来越多，甚至出现过度竞争、无序竞争，造成不良影响。实际上，中资企业无论是国有还是民营，无论是工业、贸易还是金融、服务类企业，所创造的价值归根到底都是国家利益。中央企业作为“走出去”的主力军，必须充分发挥龙头作用，协调中资企业合作共赢，实现整体价值最大化和长期价值最大化。国家电网在境外重大项目实施过程中，始终坚持国家利益为重，注重发挥引领和带动作用，与相关设计、制造、施工等企业密切合作，发挥各自优势，整体协同推进，增强国际市场整体开拓能力，避免“打乱仗”和恶性竞争，增强我国电力行业在国际市场的整体竞争力，实现了互利共赢。埃塞俄比亚 GDHA500 千伏输变电工程是埃塞俄比亚国家骨干网和东非骨干网架的组成部分，参与工程建设的中国企业超过 100 家。国家电网积极发挥龙头作用，改变了我国电力企业在埃塞俄比亚相互竞争的局面。该工程于 2015 年高质量建成移交，主设备 100%为中国制造，带动国内机电产品出口 30 亿元，树立了中国在非洲能源基础设施建设的新标杆，为我国电力企业扩大产能合作，赢得非洲市场创造了条件。

案例 7-1

全产业链“走出去”，带动企业“抱团出海”

国家电网巴西美丽山特高压输电项目是我国电网技术领跑全球的标志性工程，是展现我国先进工程管理经验的典范工程，也是“一带一路”倡议在巴西落地的示范工程。长期以来，我国电网技术都是向国外学习，20 世纪 90 年代三峡电站输电系统建设就曾赴巴西学习。近年来，经过顽强攻关，我国全面掌握了世界最先进的特高压输电核心技术，在全球率先实现特高压商业化运营，实现重大跨越。巴西美丽山特高压输电一期项目，经过比较论证采用了国家电网提出的特高压±800千伏输电方案，工程投运后使巴西成为美洲首个实现特高压商业化运营的国家，为在全球范围推广特高压技术提供了第三方实例，有力彰显我国特高压技术领跑者的地位。

特高压技术和标准“走出去”也促进了中国装备“走出去”，让更多的中国制造企业拿到了进入国际市场的通行证。巴西美丽山特高压输电项目带动近50亿元人民币的国产高端电力装备和工程总承包服务“走出去”，并推动部分优势电工装备企业到巴西当地设厂。主设备方面，主要包括南瑞集团有限公司的换流阀、控制保护系统和直流测量装置，平高集团有限公司的直流场、阀厅金具及管母线，中国西电集团公司的800千伏换流变压器，抚顺电瓷制造有限公司的支柱绝缘子……工程施工方面，中电装备公司承担换流站工程总承包工作，新疆送变电工程有限公司承担线路8标段工程总承包工作，山东电建、福建电建参与线路工程总承包工作。

表7-1　巴西美丽山特高压输电二期项目主要供货商

序号	设备	供货单位
1	换流阀（送端+受端）	南瑞集团有限公司
2	控制保护系统+直流测量装置	南瑞集团有限公司
3	直流场	平高集团有限公司
4	阀厅金具	平高集团有限公司
5	管母线	平高集团有限公司
6	装置性材料	平高集团有限公司
7	800千伏换流变压器	中国西电集团公司

续表

序号	设备	供货单位
8	支柱绝缘子	抚顺电瓷制造有限公司
9	电抗器	北京电力设备总厂有限公司
10	避雷器	平高东芝高压开关有限公司
11	隔离接地开关	山东泰开电气集团有限公司

7.2.2 系统优化调配内部资源

为了充分发挥技术、资金、装备、工程、运行等领域整体优势，国家电网构建了工程总承包、设计、电工设备制造、建设、运维等各专业单位协同并进的创新型项目实施和管理模式，充分凝聚、发挥了国家电网优势资源和核心实力，为境外投建营一体化项目顺利实施提供了有力的组织保障。巴西美丽山特高压输电二期项目建设过程集中体现了国家电网发挥集团优势、优化系统内资源配置的成效。

2015 年 5 月 26 日，国家电网召开巴西美丽山特高压输电二期项目启动会议，成立协调领导小组，统筹有序推进竞标各项准备和后期实施工作，并明确各参与部门和单位的工作职责。国网国际发展公司负责项目特许权竞标和工程招标，中电装备公司负责换流站工程总承包工作，国网经济技术研究院有限公司、中国电力科学研究院有限公司等单位提供专业技术支撑，总部相关部门提供专业指导和支持。

在巴西美丽山特高压输电二期项目特许权竞标工作中，国家电网各部门和单位根据工作职责分工，密切配合、紧密协作。在完成整体计划方案优化、预成套设计的基础上，借鉴巴西美丽山特高压输电一期项目竞标的成功经验，实施竞标准备。项目中标后，国家电网充分发挥集团化优势，选派具有丰富特高压直流建设经验的专业技术管理人才加入国网巴西控股公司，并在当地市场高标准招聘直流建设人才组成项目前方建设管理团队；调集旗下设计、设备制造、建设、调试、运维“全产业链”有关单位参与和支持巴西美丽山特高压输电二期项目建设。

巴西美丽山特高压输电二期项目由中电装备公司实施换流站施工总承包，由新疆送变电工程有限公司、山东电建、福建电建联营体和两家巴西当地承包商承揽线路施工，由国网经研院实施成套设计工作，由南瑞集团提供特高压直流控制保护装置、换流阀、50%的线路导线，由湖南送变电工程有限公司和华东送变电工程有限公司参与两端换流站的换流阀安装和电气试验工作，由中国电科院参与系统调试工作，国网系统内直流运维单位选派精兵强将支援验收和消缺工作，众多国家电网下属公司与巴方设计、施工公司密切协作，无缝衔接，有效地传承了国家电网在特高压直流输电领域积累的设计、设备制造、施工、调试、运维优秀经验。

为实现承载着中国技术和标准的国内设备现场有效落地，组织各设备供应商在设备生产期间提前准备英语和葡萄牙语的安装作业文件、图片视频，以便设备到达后巴西当地安装单位能够理解实施；设备到场前，各国产设备供应商已提前布点进行安装工作前期准备，提前与巴西当地安装单位进行技术交流；设备到场后，组织当地设备供应商进行技术交底；安装过程中，巴西当地安装单位在中方设备厂商指导下按照步骤实施，最终保证了国产设备在巴西安装的质量工艺。

2019 年 5 月，巴西美丽山特高压输电二期项目开始进行系统调试。在国家电网总部统一领导下，发挥集团化优势，国际合作部、特高压部靠前指挥协调，国网国际公司、国网巴西控股公司、中电装备公司、中国电科院、国网经研院、南瑞集团、华东送变电公司、湖南送变电公司、国家电网有限公司信息通信分公司、国家电网有限公司直流建设分公司、国家电网有限公司交流建设分公司、国网运行公司等系统内多家单位组成的项目团队团结协作、众志成城，充分发挥技术能力和管理优势，为项目调试提供了强有力的技术支撑和属地保障。

巴西美丽山特高压输电二期项目以国产设备为主，换流阀、换流变压器、直流控制保护等核心设备均为国产产品，带动了国内设备出口。同时带动巴西经济社会发展。采购当地能够提供的电力设备及施工安装服务金额超过 20 亿雷亚尔，带动直接就业岗位超过 3000 个，创造了显著的经济效益和社会效益。

案例 7-2

优化境外项目施工分包模式，确保工程进度[1]

中电装备公司是巴西美丽山特高压输电二期工程的总承包单位，湖南送变电公司参与项目里约热内卢换流站电气安装 C 包工程。受巴西劳工政策的影响，大批量的中国工人无法入境巴西开展工作。而巴西施工市场为乙方市场，当地施工分包单位普遍索赔能力强，施工分包商管理难度较大。项目团队通过对国内、国外劳务分包成本测算及潜在风险、综合利润风险、法律风险等因素综合分析后，为保证项目按时保质完成，最终确定由湖南送变电公司负责现场电气安装管理、技术支撑等核心施工任务，电气安装等其他辅助项目由巴西当地电气设备安装公司分包，并由管理当地分包商经验丰富的中电装备公司直接管理的方案。通过中电装备公司分别与湖南送变电公司和巴西当地电气设备安装公司签订分包合同，发挥了中电装备公司的商务能力和我国送变电的技术优势，既保证了核心任务施工进度，又满足了当地用工要求。

7.2.3 创新投融资模式

近年来，由于国内设备制造企业和总承包企业纷纷进入全球电网投资和 EPC 市场，传统输变电 EPC 市场竞争趋于白热化，招标类项目利润空间所剩无几。很

[1] 选自《国家电网有限公司国际合作优秀案例》，编写人章岱麟（国网湖南省电力有限公司）。

多发展中国家资金缺乏，融资能力较差，需要投建营一体化解决资金问题。国家电网在境外积极创新投融资模式，由传统 EPC 模式、带资 EPC 模式积极向 BOOT 等创新型投融资模式和业务模式转型。作为国家电网首个以投建营一体化模式开发的项目，同时也是巴基斯坦输电领域首次采用 BOOT 模式开发的大型项目，默拉直流项目充分利用中巴经济走廊优惠政策，通过对传统 EPC 建设模式进行创新，从根源上解决国外业主所面临的资金、技术和管理等问题。

巴基斯坦默蒂亚里至拉合尔 ±660kV 直流输电工程 2018 年 12 月正式开工，通过在巴基斯坦设立的项目公司，国家电网以 BOOT 模式投资建设该项目，经营期为 25 年。根据项目交易结构，巴基斯坦国家输电公司作为本项目输电服务的采购方，负责征地、获取路权、电力调度和输电线路的运维工作，并将按照输电容量支付输电费，与项目公司签订输电服务协议、土地租赁及路权协议、线路运维协议。同时，项目公司与巴基斯坦政府签署直接协议，以获得相关支持保障。国家电网通过 BOOT 创新投融资模式的做法主要包括：

一是延伸产业链增加投资收益。BOOT 模式使中电装备公司由传统的总承包商身份转变为投资方和建设方相结合的身份，除了可取得 EPC 合同收益外，还可以从后续的管理中获取利润，同时能够较好解决资金问题与基础设施所有权问题。

二是项目融资保障 EPC 合同执行。由于巴基斯坦政府及相关部门对此类项目融资缺乏经验，中电装备公司创新采用项目融资方式，与中国国家开发银行、中国工商银行等组成的银团就项目融资结构、还款担保等问题进行多轮谈判沟通，为项目设计了切实可行的融资结构，即债权股权比 80：20，并根据后期沟通，最终确定由国家开发银行独家承贷。

三是保险方案实现风险全覆盖。本项目投保境外投资险，以覆盖项目可能面临的政治风险。由于 EPC 承包商业主为项目公司，商业风险相对较低，可通过投保商业保险的方式覆盖。在交易文件中约定，恐怖袭击、内乱等事件构成政治不可抗力，所造成的损失由巴基斯坦政府进行承担。若巴方未能履行相应的赔偿义务，则构成政府违约，可以通过投保的中国出口信用保险公司境外投资险进行理赔。

四是主要交易协议保障项目稳健运营。本项目主要交易协议包括输电服务协议、执行协议、线路运维协议和土地租赁协议是约束巴基斯坦国家输电公司、巴基斯坦政府和中电装备公司之间权利义务的重要文本。协议约定巴基斯坦国家输电公司按输电容量向中电装备公司按时支付输电费，巴基斯坦政府需在获取相关许可、安保、税收、进口、外汇等方面给予中电装备公司支持，并为巴基斯坦国家输电公司支付输电费提供政府担保。

默拉直流项目是巴基斯坦输电领域首次采用 BOOT 模式开发的大型项目，将在为巴基斯坦当地带来经济与社会效益的同时，为国家电网深入开拓南亚及东南亚市场、探索 EPC+投资创新模式积累宝贵经验，进一步增强国家电网国际工程承包业务竞争优势。以默拉直流项目为试点，开展投建营一体化模式实践，将推动“走出去”“一带一路”、国际产能合作等国家战略的贯彻落实，对进一步提升国家电网的品牌价值具有重大意义。

8 规 范 实 施

执行力是确保企业战略落到实处的关键。国家电网高度重视国际化发展战略的执行情况，经过多年的实践和积累，围绕境外项目决策和审批、境外资产管理和内控体系建设等关键事项，摸索出了适合自身、行之有效的规范化实施运作经验，为国际化行稳致远提供了重要保障。

8.1 规范决策和审批管理

8.1.1 投资决策

1 建立科学决策体系，确保境外投资稳健高效

国家电网制定了严格的国际业务实施规则和实施流程，规范开展每个环节工作。区分存量资产投资类项目和绿地项目开发类项目、竞标类项目和一对一谈判类项目，依据项目类别，形成了针对性、差别化、覆盖各环节的境外项目业务操作规则和关键流程。国家电网境外投资的项目均为所在国家和地区的骨干电网，投资金额大、影响深远。每个项目组建专门团队，规范开展项目各环节工作，形成了总部

国际合作部、相关单位、项目团队一体化推进方式，其中对外报价、股权购买协议和股东协议等关键内容由国家电网党组研究决策。自立项环节伊始，总部国际合作部作为管理部门，即深入参与各环节并掌握项目相关信息，在后续的审批环节大大提高了决策效率，实现了决策的科学、及时和准确。

以提升境外项目决策效率，国家电网梳理决策流程，明确信息收集、可行性分析、项目评审、决策各阶段负责部门、工作流程和时间期限。注重强化境外项目投资审核机制，吸纳总部各部门、国际业务实施主体、外部专家力量，对备选境外项目进行审核和选择，与外部中介机构提供的投资建议共同提交决策层参考，尽可能提高项目决策的科学性与准确性，确保合理的项目投资回报。

确保项目决策的科学性。国家电网在进行境外投资并购项目决策前，要求对项目宏观因素和微观因素进行客观全面的分析论证，以保证项目决策的科学性。宏观考虑因素包括国际化总体战略布局、政治因素对项目报价的影响、同行业并购的先例、已经取得国内国外审批的有利条件等；微观考虑因素包括卖方的预期、优先购买权的影响、竞争对手对回报率的要求、融资利率水平、预期最低允许回报等。通过对项目全面深入的了解，并经反复权衡和量化分析，在复杂的局面中找到关键的制胜因素，最终形成最优决策建议。科学的决策支撑使得国家电网境外投资并购项目顺利开展，并获得了良好的投资收益。

确保项目决策的及时性。外部环境时刻都在变化，把握境外并购项目开展的时机尤其关键，在项目开展过程中决策的及时性非常重要。国家电网不断优化境外投资决策体系，通过管理部门提早介入项目环节的方式，既实现了严格把关，也节省了上报项目中间过程细节需花费的时间，有效保证了项目决策的及时性。

案例 8-1

果断决策快速行动，确保境外资产的控制权

在南澳输电网公司股权投资项目交割后，股东 Hastings（占 19.94%）欲联合 UniSuper（5.45%）乘公司尚未完成交割之际，出售共约 25.39%的股份给之前竞标失败的某基金公司。获悉消息后，国家电网果断决策，快速行动，实现了对小股东 5.45%股权的收购，成功避免了在南澳输电网公司出现新的对大多数事项拥有否决权的股东，确保了国家电网在南澳输电网公司的控制权和影响力。

坚持项目决策的谨慎性。企业的境外投资并购活动充满着风险和不确定，因此，国家电网在境外投资并购项目决策上坚持谨慎性原则，充分估计到各种风险和损失，既不高估资产或收益，也不低估负债或费用。在项目交易结构设计过程中，国家电网坚持从多方面进行周密思考和反复权衡，开创性地设计更优化的交易结构，通过争取较大的股比实现战略投资者的目标，通过合理的杠杆比率和融资币种组合降低汇率风险，通过有效税务筹划降低税务成本，提高项目投资回报，降低项目风险。

2 完善境外项目报价决策工作流程

根据境外存量投资项目的一般流程，投资决策通常分为非约束性报价决策和约束性报价决策两个阶段。

在非约束性报价决策阶段，国家电网境外项目工作组综合考虑项目战略意义、竞争态势和投资回报等因素，基于项目估值讨论形成项目非约束性报价建议。估值及报价建议经境外投资运营实施单位（国网国际发展公司）的境外并购市场开发委员会审议后，项目组完成项目非约束性报价请示文件（包含估值及报价建议），履行其决策程序后，报国家电网总部审批。根据卖方对报价内容的具体要求，项目工作组编制非约束性报价文件，按照批准的报价事项，提交卖方。

在约束性报价决策阶段，根据确认性尽职调查结论，工作组更新相关估值假设和财务估值模型，综合考虑项目战略意义、竞争态势、投资回报和协议主要条款谈判情况等因素，讨论形成项目约束性报价建议。估值区间及报价建议经境外投资运营实施单位的境外并购市场开发委员会审议后，项目组完成项目约束性报价请示文件（包含估值区间及报价建议），履行其决策程序后，报国家电网总部审批。根据卖方对报价内容的具体要求，项目工作组编制约束性报价文件，按照批准的报价事项，提交卖方。

在上述两阶段的审批层面，分别由二级单位法律部和总部法律部开展重大决策合法性审核，并出具法律意见书，确保项目投资依法合规。

8.1.2 尽职调查

境外投资并购是一种投入高、不确定性强的经营方式，风险集聚。如果对境外投资项目缺乏深入了解，则很容易导致投资失败。

1 坚持多专业角度尽职调查相结合

境外投资并购项目开展过程中涉及专业内容较多。国家电网在开展境外投资并购项目尽职调查工作时，注重对目标资产的全方位多专业调查。通常分为财务、法律、技术等多个专业组，分别从各自专业角度开展尽职调查工作，最后再将各专业组发现的问题汇总进行相互印证，以实现对目标资产的全面了解。

近年来通过对境外项目尽职调查的实践积累和总结完善，国家电网形成了专业尽职调查的工作规范，概括总结了各专业类型资产的技术尽职调查工作要点与方法，对于提高尽职调查工作效率和质量，具有重要的指导作用。

2 坚持现场和案头尽职调查相结合

并购项目的尽职调查分为案头尽职调查和现场尽职调查。由于信息不对称、时间要求紧、路程遥远、协调困难等各种因素限制，实际工作中，境外投资并购项目现场尽职调查的难度往往非常大。因此，企业开展境外尽职调查涉及的工作范围差别较大，有的可能仅限于对公共信息的审阅，有的则要扩展到对目标资产及组织机构的实地调查。

国家电网要求境外投资的每个项目在约束性报价前，必须完成现场尽职调查。通过现场实地考察目标资产，评估其运营状况及潜在风险，以确保交易风险最小化。例如在巴西项目并购过程中，目标资产涉及发电、输电和配电等多个领域，而且资产遍布巴西全境、地域广泛，现场尽职调查难度非常大。但经过精心统筹安排，前后方密切配合，最终在国家电网国际合作部带领下，项目工作人员组建了 1 个配电小组和 3 个发电小组，来回奔波，对 3 家配电公司和 8 座发电厂进行了细致的现场尽职调查，为项目决策奠定了基础。

3 坚持自身团队和外部顾问相结合

按照跨国投资并购的惯例，买卖双方均会聘请外部顾问协助开展相关工作，如财务顾问、法律顾问、会计税务顾问和技术监管顾问等。在项目尽职调查工作开展过程中，国家电网注重自身队伍锻炼，近年来团队不断成长和专业能力不断提高，逐步实现了由最初较多依赖外部顾问向以自身团队力量为主、外部顾问为辅的转变。

国家电网在外部顾问管理上遵循归口管理、统一联络和合理使用的原则。各外部顾问由项目团队中对应的专业组负责归口管理和统一联络，相应工作由各专业组统筹协调布置，既发挥外部顾问的专业咨询作用，又合理控制了顾问的相关费用。

案例 8-2

全面尽职调查，规避投资风险

通过尽职调查发现潜在税务风险，增加补偿条款以避免损失：2012年，国家电网开展澳大利亚南澳输电网公司项目时，工作团队在尽职调查中发现原股东方过多使用股东贷款，且贷款利率高达12%，这有可能违反澳大利亚税务规定，未来面临补缴税款的风险。对此，国家电网在股权购买协议中争取增加补偿条款，未来如发生补缴税款，卖方需进行补偿。

2012年12月项目完成交割，2013年税务机关在税务检查中要求补缴1000多万澳元税款，由于股权购买协议中包含相关补偿条款，卖方返还了1000多万澳元,这充分展现了深入的尽职调查和完善的交易合同的重要作用。

通过尽职调查放弃潜在风险较大项目：2013年，国家电网在开展英国某电网项目时，工作团队通过尽职调查和管理层访谈发现虽然该项目资产不错，但该公司有复杂的金融衍生品交易，存在较大风险，在未能与对方就衍生品处置达成一致的情况下，果断放弃竞购。

8.1.3 全面估值

项目估值是境外投资的核心环节，估值结果是报价的重要参考依据，将直接影响项目成败、投资成本和未来投资收益。自2009年以来，国家电网相关团队先后完成数十笔境外投资项目的估值工作，为投资决策和报价谈判提供了强有力的支持，也在实战过程中逐渐积累经验，形成标准流程和方法。

从方法来看，国家电网综合利用各种估值手段，以绝对估值法（如现金流量折现法）为主，以相对估值法（如可比企业法和可比交易法）作为检验，对收入预测、支出计划、融资假设、折现率、退出价值等关键输入参数进行敏感性分析，力求得出最为客观的估值结果。此外，通常建立多套估值模型，如分别建立代表不同风险判断的卖方模型、中间模型和买方模型，以全面体现对战略性需求和重大风险因素的考虑，为投资决策提供坚实的基础。

案例 8-3

深入分析竞争格局，准确评估项目价值

在制定巴西美丽山特高压输电二期项目投标策略时，国家电网一方面根据 EPC 招标和预协议签署结果调整我方财务模型参数，按国家电网党组决定的投标总体原则，测算首年许可收入打折率底线。同时认真分析竞争对手情况，参考巴西美丽山特高压输电一期项目的经验，从项目总投资、融资成本、回报率要求等方面认真分析了巴西国家电力公司和奥本家公司等竞争对手的投标底线和首轮出价可能性，以首轮出价不被对手淘汰出局并兼顾首轮淘汰对方的原则，确定首轮出价为折减率 19%。国家电网出价正好超过第二名 5%。这样既中了标，又避免了现场多轮竞争。

从基础来看，国家电网项目估值工作建立在对目标企业全方位尽职调查工作的基础之上。即从时间上看，开展项目估值工作不只限于某一特定阶段，而是贯穿境外投资项目的全过程，项目团队始终关注并分析各种风险因素的变化，不断调整和校验估值模型。在整个估值过程中，包括财务、税务、技术和法律尽职调查等在内的各专业团队，通过集中办公、工作例会等方式，保持充分的信息共享，对重要事项进行及时高效的沟通，充分讨论专业假设和参数设置的合理性，在估值中反映各专业团队的尽职调查发现，使估值结果在可获得的信息范围内尽可能接近客观合理。

案例 8-4

依托精准估值，优化投资策略

新加坡 SPI 项目调低第二轮报价并设计维权条款：项目团队逐一研究了澳大利亚配电配气监管机制、资本性支出超支、输气业务扩展、衍生金融工具、控制权变更、养老金负债、森林火灾、土地污染拨备、土地印花税等税务争议、资本弱化规则、税务亏损结转等特殊因素的影响，经过反复测算和论证，在第一阶段基础上降低了目标企业估值并相应调低第二轮报价，并在股权购买协议中设计了价格调整机制和税务亏损赔偿条款，最大程度上保护项目交割后我方权益。

葡萄牙 REN 项目调低第二轮报价：2012 年 1 月，葡萄牙 REN 项目进入第二轮报价阶段，按照资产收购的一般规律，如果第一轮报价入围，为最终战胜其他对手，第二轮须略微提高报价。但是，国家电网根据欧洲国家评级进一步下降的情况，及时调整估值参数，反复测算，为项目作出略低于前一轮的报价决策提供坚实依据，最终顺利中标并节省了上亿元人民币。

8.1.4　合规管理

1　建立合规管理规章制度和管理闭环机制

明确合规管理目标、机构职责、制度流程、考核监督、奖惩问责等相关内容，形成合规审查、报告、培训、考核、激励、问责的闭环管理机制，全面指导下属单位合规管理工作。学习其他跨国企业合规管理经验，结合国内外相关法律法规要求和国家电网国际业务自身特点，编制国际业务合规管理办法。深入研究国务院国资委、发展改革委、商务部等部委关于境外业务合规管理的要求，横向按国际业务不同板块拟订对应的合规要求，纵向以合规风险防范为主线，构建“合规风险排查—合规风险预警应对—违规事件报告处置”的闭环管理机制。

2 合规审查融入业务，实行闭环管理

在业务部门、合规部门以及合规顾问、风险评估顾问的共同参与下，就项目潜在合规风险进行评估。在境外业务流程中设计并嵌入合规审查模块，以实现“分类处置，贯穿全程”。在项目立项、尽职调查、评估决策、协议谈判等重要环节，自动触发合规审查机制，如果不完成此环节，业务无法进行到下一环节，确保合规管理落地、务实和可操作。

3 境外子公司各尽其责，分层审核

境外子公司运营管理中涉及重大决策事项的，由境外投资运营实施单位的法律部门开展合法合规性审核。可会同外聘律师依据所在国法律法规开展审核，并出具法律审核意见，作为境外公司重大决策依据。国家电网作为股东，在审阅境外公司法律审核意见的基础上，依据国内法律法规和公司规章制度，出具合法合规性审核意见，作为重大决策依据。

4 聘请合规顾问，全面梳理合规风险

国家电网聘请专业合规顾问，通过问卷调查、专业访谈等方式开展深入调研，协助全面排查境外业务合规风险点，评估现有流程有效性。在现有业务流程基础上，设计合规审查触发机制，嵌入合规风险排查、合规尽职调查、合规风险评估等环节，

创新设计合规风险信号清单、合规风险应对方案矩阵图、合规审核要点清单等工具，实现合规管理融入业务流程，打造闭环管理机制。

5 合规培训因材施教，多措并举

加强出国人员安全培训和合规培训，提升驻外人员人身安全防范意识和风险应对能力，提示驻外人员要注意尊重当地宗教和风俗习惯，强化驻外人员履职合规培训，避免其卷入治安、刑事案件和法律纠纷的风险。组织编制合同履约风险提示和法律指引、廉洁教育读本，因材施教，根据不同受众，开展境外数据合规与个人信息保护等相关合规专题培训。通过丰富的方式大力营造合规文化氛围，使合规理念深入人心。

延伸阅读

关于跨境并购交易的反垄断申报

截至 2020 年年底，全球已有超过 130 个司法辖区存在各种形式的反垄断法律（也称竞争法律）。对于大多数重要司法辖区而言，判断一项交易是否需要向特定反垄断执法机关申报分为两个步骤：① 判断交易是否构成“集中”；② 判断交易是否达到特定司法辖区的申报门槛。

通常而言，“集中”指的是能够产生控制权变更的交易。需要注意的是，收购少数股权也可以构成收购控制权。申报门槛则出于法律确定性的考虑，包括欧盟在内的大多数司法辖区以“营业额”为基准。

进行境外投资时，在反垄断的并购申报领域，需特别注意下述情形：

（1）收购目标资产的单独控制权。个别司法辖区的并购申报门槛在具体测算时需考虑卖方资产，典型司法辖区如巴西。举例而言，拟收购某巴西发电公司 100%股权，虽然该巴西发电公司自身的营业额并未达到巴西的申报门槛，但该交易在卖方满足申报门槛的情况下仍会触发巴西的反垄断申报义务。

（2）收购目标资产的共同控制权。在收购目标资产公司共同控制权的交易中，部分司法辖区的并购申报规则适用于目标资产在本司法辖区无业务运营的交易，典型司法辖区包括欧盟、土耳其和德国等。这主要是由于上述国家的申报门槛在一项交易的任意两方（既可以是某一收购方和目标公司，也可以是两个收购方）达到相关标准时即会被触发，因此在与其他方共同收购某一目标资产的交易中，很可能因为达到某司法辖区申报门槛而触发申报，而无须目标资产在当地有业务。

（3）收购目标资产的非控制性少数股权。一是个别采用控制权标准的司法辖区对控制权的认定有特殊规则，如德国（收购 25%以上股权即被认定为收购其控制权）、巴西（收购 20%以上股权即被认定为收购其控制权）。二是由于收购对象通常为同样在电力能源领域开展业务的当地公司，需特别留意，一些司法辖区在买方与目标资产存在竞争重叠（如从事同领域业务）的情况下会对认定控制权采用更低的指标，如巴西收购 5%以上有重叠业务公司的股权即被认定为收购其控制权、智利收购 10%以上股权有重叠业务公司即被认定为收购其控制权。

针对在全球申报分析的过程中识别出的需进行反垄断申报的司法辖区，若该司法辖区采用强制申报制度且为“交割前申报”机制，需确保将取得相关司法辖区反垄断执法机构的批准作为项目交割的先决条件之一，并相应体现在交易文件（如股权购买协议）中。例如，如何约定签约后何时提交申报、如何设置截止日期以确保在其之前取得反垄断批准、如何约定各交易方在申报筹备中的权利义务、在存在重大竞争关切的情况下如何约定各交易方在过程中的配合义务等，应就相关条款的撰写咨询反垄断专业律师意见。

8.2 境外资产管理

随着境外资产规模的增加，国家电网进一步规范境外资产和项目的管理工作范围和职责，重点从制度建设、统计分析、监管研究、资产经营、风险管控、资产管理提升等维度开展基础性工作，境外资产和项目管理体系不断完善。

8.2.1 差异化资产管控

根据境外所属公司面临的东道国法律、政治经济形势、市场环境、业务类型等差异，对全资、控股、参股公司采取基于股权结构的差异化管理策略。国家电网通过驻外高管团队，对运营管理重大事项进行决策，为境外运营管理提供支撑和服务。其中，全资公司驻外高管团队根据授权参加境外运营，负责执行发展战略、经营决策，安全稳健运营境外资产；境外控股公司和参股公司中国家电网委派的董事或驻外高管团队，参加境外公司股东会、董事会和专业委员会的决策和日常运营管控工作，有效维护国家电网权益。

1 境外全资公司

管控目标：通过重要管理人员和关键岗位任命，掌握全面控制权，积极推行本地化运营。全面掌控境外全资公司发展战略，进行全面系统管理，实施严格的财务监控，审批重大投资项目，强化风险控制。整合内外部资源，营造良好的发展环境，以信息化建设管理为基础，推行人、财、物集约化管控。

管控举措：严格遵循所在国（地区）法律和国家电网管控要求，按照规定成立股东会、董事会并派出高管人员协助当地管理层参与人力资源、业务发展、财务和采购等重要职能管理。由国家电网境外投资运营单位行使出资人职责，实行全面管控，负责审批境外全资公司的战略和发展规划、重大投资等重大经营事项并监督执行；审批境外全资公司的管理制度、计划并监督制度备案上报；强化风险控制，实施财务监控；整合内外部资源，提供支持。

境外全资公司的驻外高管团队全面负责境外全资公司的生产经营活动，严格执行国家电网决策，研究制定战略和发展规划，健全管理制度和管理流程，建立健全内控、合规和风险管理机制，加强风险防控，落实国有资产保值增值责任。

2 境外控股公司

管控目标：发挥主要股东作用，按相关企业治理架构在重要决策方面行使控制权，并通过委任的董事和高级管理层参与管理工作。充分发挥国内电网运营积累的技术优势和管理经验，实施对所投资公司的控制和影响，实现收益最大化。

管控举措：依照股东协议或境外公司章程等规定向境外控股公司委派、提名或推荐董事及高管人员等，并根据需要在任期内作出人员调整。境外控股公司的驻外高管团队应按照国家电网授权在境外公司董事会等公司治理机构中行使权利，根据股东协议和公司章程等规定参与境外公司的经营管理，积极发挥主导作用，确保国家电网资产安全和各项权益。

通过驻外高管团队实现对境外控股公司的战略和发展规划、商业计划、财务预算、分红安排、重大投资、高管任免等重大经营事项决策的主导权。

3 境外参股公司

管控目标：积极行使长期投资者的股东权利，并按股东协议及境外企业治理架构，积极参与公司治理和管控。

管控举措：依照股东协议或境外公司章程等规定，按照股权比例向境外参股公司委派、提名或推荐董事；根据股东协议等法律文件，派出管理层人员，并根据需要在任期内作出人员调整。国家电网通过驻外高管团队参与境外参股公司的重大经营决策和日常经营管理，监督参股公司经营状况，加强风险防控。

境外参股公司的驻外高管团队应按照国家电网授权在境外公司董事会等公司治理机构中行使权利，根据股东协议和公司章程等规定参与境外公司的经营管理，充分发挥管理和监督作用，确保国家电网资产安全和各项权益。

8.2.2　境外公司合作平台建设

积极推动境外公司之间、境外公司与国内企业之间交流合作、学习互鉴、建立合作伙伴关系。由国家电网发起，意大利国家天然气公司（SNAM）主办，国网澳洲资产公司（SGSPAA）、葡萄牙国家能源网公司（REN）和新加坡能源集团（SP）参与的能源转型与天然气发展五方合作论坛的成功举办，成为推动国家电网各境外资产学习互鉴、相互启迪、共同发展的一次成功实践。意大利 Terna 公司与国家电网签署合作谅解备忘录，双方就主要原则达成共识。

依托境外公司进一步深化合作，加强业务协同。国家电网与葡萄牙国家能源网公司签署合作框架协议，进一步深化双方在葡萄牙–摩洛哥联网项目、研发中心、新能源并网技术、第三方市场联合开发、人员交流等领域的务实合作，着手构建联合工作团队，逐项落实战略合作内容。这是国家电网主动加强系统内单位协作，共同推进国际合作落地的创新尝试。再如，经过多轮磋商，并反复协调中意两国有关部委，成功促成了第二届“一带一路”国际合作高峰论坛期间，国家电网与意大利 ITALGAS 公司签署战略合作框架协议。这是中意两国在本次论坛期间正式签署的唯一经贸类合作协议，有力支撑和加强了两国在“一带一路”领域的战略合作伙伴关系。

8.2.3　工程项目专业化管理

国家电网成立了境外电力工程总承包市场开发专业团队，其中重大开发履约问题实行专家会商会诊机制。开展智能配网、调度自动化、新能源技术对标，综合计划及预算内采购等线上管理，业务支撑水平不断强化。加强境外重大施工过程质量管理，强化原材料入场检验、设备交接试验、重要工序和关键点管控，质量管理效果持续提升。对一些境外大型电网工程项目，组建完备的专业化管理团队，并在关键环节做好对境外项目现场的组织、支持和对接工作。

案例 8-5

前后方协调配合，实现项目专业化管理

埃及国家电网改造总承包项目管理团队分为国内、国外两部分；工作地分为北京、开罗和项目各标段执行现场三个工作点。

在国内，中电装备公司事业部配置专门采购和物资管理人员，负责具体实施项目物资的采购、监造安排、厂家发货协调、与现场沟通等工作，经营法律部（物资中心）与项目部共同进行采购方案和运输方案总体策划，同时对整体采购工作、全程运输工作进行指导、监督和管控；工程技术部负责物资的技术把控；安全质量部负责对监造单位进行监造指导和监督。

在国外，项目总工依据设计文件核对每个子项目（每条线路）的具体材料用量并向国内下单生产；现场物资管理人员负责对接国内物资管理人员和物流公司，跟踪物资的生产、发运、现场储存和发放使用情况，对物资进行动态管理；现场分部材料站管理人员负责对物资进行装卸、存放和出入库动态管理。

通过专业化管理，项目团队建立了物资供应链有序运作、动态调整、及时反馈和协调管理的联动机制，既充分整合了国内物资管理专业相关人力资源，发挥了后方团队的专业化管理优势，又确保了国外物资供应链的规范化管理、工作人员能够灵活应对突发事件，保障了工程项目的进度和质量。

8.2.4 境外资产运营监测

为有效应对复杂多变的跨国经营环境和境外资产分布广、多元化带来的运营风险和挑战，国家电网推进境外资产运营监测中心建设，为境外投资风险管理提供重要管理工具。境外资产运营监测中心通过构建全面监测、运营分析、协调控制、全景展示于一体的综合管控平台，实现对境外项目经营数据的集成和在线监测分析，及时识别境外投资运营中的各类风险，针对异动或问题进行风险预警和协调处理。

为了实现境外信息的横向共享与纵向贯通，国家电网建立了境外项目运营管理系统，将境外项目议题分析质量和数量纳入绩效量化管理，提高办公效率和保密程度。依托国家电网系统内信息资源，聚焦境外“热点”“痛点”，建立境外运营信息发布机制。国家电网国际合作部每个季度编制下属国际业务单位的资产运营季报，对境外运营情况进行汇总、统计、分析，并按季度向各驻外高管团队通报《季度资产运营管控动态》，实现全球资产网络信息横向贯通。

8.3 内控体系建设

8.3.1 制度标准

为保障国际业务的快速健康发展，国家电网高度重视制度、标准、内控等管理体系的建设，以提高国际业务管理水平。

1 制度体系建设

通过不断总结国际业务工作经验，国家电网建立健全具有国际业务特点的规章制度，如《国家电网公司境外投资管理规定》《国家电网公司驻外机构管理规则》《国家电网有限公司驻外办事处管理规则》《国家电网有限公司境外投资项目财务顾问选聘及管理细则》等，形成了较为成熟完整的境外投资并购和运营管理规章制度体系。

2 内控体系建设

国家电网逐步建立覆盖国际业务全流程的内部控制体系，以防范和化解风险。以境外投资经验为基础，结合流程管控要求，完成 83 项境外投资业务流程图和内部控制矩阵，评估出 7 项重大风险、39 项中等风险和 65 项一般风险，基本形成境外投资全业务流程控制链。

3 信息化系统建设

随着境外投资业务不断拓展，境外资产规模不断扩大，涉足地域领域日益增加，国家电网逐步加强信息化建设，通过信息化手段支撑国际业务开展及境外运营管理。境外投资项目管理系统建设有效固化了项目管理流程，促进了跨部门多专业协作，创新了项目管理模式，为进一步提升管理水平奠定了坚实的基础。

8.3.2 监督检查

国家电网建立健全了境外项目监督检查和后评估机制，不断提升境外投资项目的管理和风险控制水平。其中，监督检查范围包括规章制度执行情况，项目储备、立项批准、财务顾问和中介机构选聘等各阶段工作内容，以及项目终止后资料整理和归档工作。

1 完善监督检查制度

由于国际业务管理制度大部分较新，相关流程的调整和衔接仍需要一定的时间，国家电网通过加强对规章制度执行情况的监督检查，确保境外投资项目操作规范有序。同时，在对制度执行情况的监督检查过程中，结合业务特色和管理特点，进一步探索和创新，逐步完善相关规章制度和管理环境。

2 加强项目闭环管理

在境外项目投资与运营管理过程中，国家电网高度重视对境外投资项目的闭环管理。一方面，通过完善项目内部立项和终止程序，统一境外投资项目的管理性文件，形成项目管理闭环，减少信息不对称，确保各部门间流程的衔接。如项目立项通过后，及时生成立项表，明确项目目标资产、正式立项时间、项目负责部门、项目预算等关键信息；在项目决定终止时，及时组织完成项目终止决策程序，形成内部终止性的文件，作为项目后续各项收尾工作的依据，有效推动相关管理流程的跟进和衔接。另一方面，通过项目横向分类管理，开展对境外投资项目的成本费用、投入产出等分析，梳理不同类型项目的内部控制流程和控制要点，聚焦处于不同阶段项目的管理重点。通过建立完整的项目管理体系，逐步从分散的点状管理过渡到体系化的网格管理，真正实现项目资源的整合、管理成本的降低和管理效率的提升。

3 开展项目后评估和终止项目专项检查

项目后评估是指在投资项目完成后一段时间内，对项目的目的、执行过程、效益、作用和影响进行系统的、客观的分析和总结。国家电网在境外投资并购业务开展中，高度重视项目后评估工作，不仅针对成功的项目进行全面总结评估，对于一些因故终止的项目，也深入进行分析总结。

此外，国家电网对已终止的项目组织开展了各类专项检查，以提高境外投资管理水平。如在美国、巴西、智利等 3 个终止项目的专项检查中，通过分析评价找出成功或失败的原因，总结经验教训，并通过及时有效的信息反馈，为未来项目的决策和提高完善境外投资管理水平提出建议，从而达到提高投资效益的目的。

9 风险防范

国家电网始终把风险防范作为“走出去”的重中之重，坚持积极稳健、全程管控，建立完善的国际业务风险防控体系，不断强化决策风险控制、并购风险管控和运营风险管控，针对境外重点风险制定防范应对措施，全面提升国际业务风险控制能力，境外项目稳健运营，确保了国有资产安全。

9.1 国际业务全面风险管理体系

9.1.1 风险管理理念

国家电网始终把风险防范作为“走出去”的基础，积极稳健、全程管控，不断强化决策风险控制、并购风险管控和运营风险管控，建立了完善的风险防控体系，提升了国际业务风险控制能力。

国家电网境外投资风险管理体系建设以风险防范为导向、风险管理流程为基础、内部控制体系为抓手、业务操作规范为指导、信息化技术为支撑，由点到面，由境内向境外，形成了一套覆盖境外投资业务全过程的风险管理体系，实现境外投资风险管理体系的常态化运行。

（1）建立境外投资内部控制体系，确保风险管理的执行落实。国家电网持续推进国际业务内控体系建设，并结合境外投资业务特点，最终形成与国家电网国际化发展战略相匹配的内控建设成果，促进境外投资风险管理体系的完善。尤其在境外存量资产并购和绿地项目投资业务中，完成 83 项境外投资业务末端流程梳理和设计，形成境外投资全业务流程管理链。

（2）强化境外机构风险管理建设，推动风险管理向境外延伸。国家电网在建立健全境外投资风险管理体系过程中，注重境外子公司的风险管理体系建设，特别是对全资子公司和控股子公司的风险管理。对于其他参股公司，按照股东协议和公司治理规定，积极参与其风险管理。通过积极应对境外项目建设与发展中遇到的各种问题和风险，实现收购资产的平稳过渡、稳定运营、良好收益，不断推动境外机构运营管理水平提升。以资金安全管理为例，在加强境外资金安全风险管理方面，国家电网采取以下措施加强对境外公司资金安全监管：一是严格执行境外银行账户双签双控；二是利用跨国银行的网银平台实现对境外全资子公司银行账户的全面监控；三是将银行信用等级作为设定交易对手风险敞口额度及存款头寸的重要标准。

案例 9–1

强化境外投资运营风险内控，完善风险管理工具

（一）建立健全风险管理立体组织架构

一是按照国家电网年度风险控制重点工作安排，结合国际化经营内外部形势变化，有序高效开展风险评估和应对工作。二是在开展国际投资和境外资产运营过程中，发挥各专业部门第一防线作用，及时识别预警影响正常经营的重大风险事件，强化事前、事中、事后全流程管控。三是根据境外公司治理特点，督促指导境外各项目完善风险控制体系建

设，完善其境外风险管理机制。

（二）持续优化风险管理信息系统

一是以风险信息资源池为基础，实现风险控制标准在线查询与完善、问题在线收集与整改、数据在线应用与分析。二是全面建成财务管理领域全覆盖的实时监督规则，依托数据集成实现财务活动全监控，强化监督功能针对性与实用性，在线稽核效果更加显著。三是根据通用制度、授权体系及合规管理等规范要求，将流程管控、标准单据等内嵌于风险管理信息平台，将风险控制管理标准固化至业务流程，提升业务操作规范性。

（三）积极培育风险管理文化土壤

一是多渠道、多形式、多层次广泛开展风险控制文化传播和培训，增强员工风险管理意识，将风险管理意识转化为员工的共同认识和自觉行动。二是通过内部培训选拔、跨专业、跨层级人才交流等方式，持续充实风险控制专业人才队伍，开展前沿风险管理理论研究和实践探索。三是结合当前全球“逆全球化”“长臂管辖”等新形势变化，持续跟踪分析国际化经营面临的内外部风险，审慎调整风险管理理念。

9.1.2 风险管理制度

国家电网将国际业务风险管理固化到规章制度中，制定了《国家电网公司境外投资管理规定》《国家电网公司境外资产运营管理办法》《国家电网公司国际业务预防商业贿赂风险管理办法》等一系列风险防范相关规章制度。同时，加强内控建设，编制形成了《内控流程手册》《风险管理手册》《授权管理手册》《规章制度手册》和《内控评价手册》等内控手册，明确了总体风险控制目标要求和各部门、境外单位在全面风险管理方面的工作职责，建立了全面风险管理的管理机构、明晰了各类风险的管理责任、管理程序、工作要求，制定了监督办法和考核奖惩标准。

9.2 并购和运营风险管控

9.2.1 并购风险管控

国家电网出台《国际业务风险管控办法》，全面防范并购项目中的法律风险、财务风险、监管风险、廉政风险，并在境外成立了 11 个办事处，协同开展并购项目前期跟踪、尽职调查和风险评估工作，保障对外投资安全。同时，注重深化并购项目研究，完善资产估值，提高报价的精准性。

1 科学审慎决策，从源头控制风险

国家电网严格落实《中央企业全面风险管理指引》等文件要求，通过规范的决策流程防范风险，从源头上控制并购项目风险。国家电网党组对国际业务风险高度重视，每个并购项目都经过党组会深入研究、集体决策，对投资环境、收益、运营等关键环节严格把关。特别注重强化境外并购项目投资审核机制，对备选境外并购项目进行审核和选择，提高项目决策的科学性与准确性，确保合理的投资回报。如在欧洲某配电资产项目并购中，财务投资者利用高杠杆抬高竞价，国家电网认为杠杆率过高，果断决策，放弃项目。

2 完善尽职调查和估值流程

针对潜在项目全方位开展宏观环境评测、项目财务税务尽职调查、财务估值分析、税务架构筹划、交易协议设计等基础工作，深入识别潜在投资风险，积极发掘

项目价值亮点，为科学决策提供支撑。

（1）尽职调查细致详尽，实现风险识别。在开展项目过程中，遵循全面性、客观性、稳健性的原则，对项目财务情况、税务事项及各种影响因素等方面，通过资料审阅、书面调查、管理层访谈、实地考察、比较分析等手段，逐一挖掘识别尽职调查中发现的潜在风险，为项目估值、税务筹划和协议谈判指明方向。此外，基于多年项目实践经验，制定境外存量资产投资项目财务税务尽职调查管理办法，进一步规范境外存量资产投资项目财务税务尽职调查工作管理，提高财务税务尽职调查质量。如国家电网在竞购英国某电网项目时，通过尽职调查，发现该公司存在复杂的金融衍生品交易，最终果断放弃竞购。再如，在开展智利某项目时，项目团队在税务尽职调查中预先发现 4 大类 17 项的潜在税务风险，通过项目估值假设和协议条款设计相结合的方式，有效控制税务风险。

（2）税务筹划合理优化，实现风险调控。综合考量不同投资架构对未来股东回报（股息、利息、资本利得等）的税务成本，通过合理税务筹划，确定最佳投资路径。

（3）项目估值客观审慎，实现风险评估。通过精心设计杠杆水平、投资架构、交割资金方式等，在提升投标报价竞争力的同时，有效降低投资成本，提高投资回报。

（4）协议条款设计严谨有利，实现风险防范。在相关协议条款中详细规定了价格调整的计算公式（包括每一参数的定义和取值）、双方义务、信息沟通、索赔程序等，内容严谨合理，有效避免了任何歧义和争议的发生，为后续工作的顺利开展奠定了良好基础。

通过十余年的境外并购实践积累，国家电网已形成“各专业相结合、案头与现场相结合、内部团队和外部顾问相结合”的标准尽职调查流程，并在实践中取得了良好的效果。在未来项目的推进过程中，不断完善相关流程，全面深入细致评估目标资产状况及潜在风险，同时将尽职调查过程中发现的风险充分反映在估值报价和法律文件中，确保交易风险最小化，切实维护企业利益。

案例 9-2

全面评估项目风险，保障投资收益水平

2018 年 10 月，国家电网参与了阿曼国家电网公司出售项目的投标工作。

在非约束性报价阶段，由于卖方提供的数据资料有限，较难对并网收入、商业计划期以外的资本性支出等事项进行科学合理的预测。国家电网努力克服上述因素，从财务、税务、法律、技术等方面扎实开展深入细致的尽职调查，全面评估项目的各项潜在风险，并将这些因素充分考虑到估值模型和报价中。

在约束性报价阶段，根据卖方披露的有关并网资产的重要信息，国家电网通过现场尽职调查、管理层访谈与卖方进行澄清，并与外部顾问进行充分讨论，对目标公司的并网收入预测和商业计划期以外的资本性支出预测进行合理调减，从而下调了项目估值。同时，国家电网通过各方信息渠道了解到该项目的投标方数量较少，竞争激烈程度不高。根据项目估值和竞争态势的变化，国家电网灵活调整报价投标策略，对目标资产的约束性报价较非约束性报价进行合理下调，既实现了以更精准的估值报价和更合理的投标策略成功中标该项目，又最大限度地保障了投资收益水平。

9.2.2 运营风险管控

国家电网制定了境外投资管理规定和境外资产运营管理办法，强化境外投资和运营管理；建立了境外资产运营监控中心，实现了对关键指标的实时掌控和异动预警，增强了对境外资产的在线监控能力；设置了境外项目管控治理结构，获得与股比相对应的董事席位，努力争取项目关键岗位的设置权、管理人员的提名权、规章制度的制定权，确保管控力和股东权益；同时利用境外融资和项目收益滚动发展境外项目，在不增加国家外汇负担的基础上，尽最大努力防范汇率风险。

9.3 针对重点风险制定管控措施

9.3.1 汇率风险防范

1 全面覆盖、重点管理，精准识别分层估测风险

基于资产负债币种错配的角度分析预测折算风险敞口。识别主要外币项目，根据业务和财务明细数据，获取各外币项目分币种金额并进行汇总，根据套期交易开展情况，剔除已通过套期交易对冲的外汇敞口，最后得到套期后的实际敞口分布。

基于现金流缺口的角度分析预测交易风险敞口：结合国际业务结构，识别主要的外币现金流入和流出项目，根据交易信息，预测未来现金流发生的时点和金额，以币种为维度，汇总不同币种在各期限段的现金流。

2 多元投资、自然对冲，源头减少风险敞口，提升风险承受能力

为避免因外汇贬值导致的境外投资缩水，国家电网通过当地货币融资，对冲部分外币折算风险。通过制定会计套保策略，选择合适汇率时点将当地货币借款和债券指定为境外投资套期保值工具，通过套期有效性评价，反向对冲了境外投资外币折算差额，减小了外币折算差影响。

3 建章立制、研究走势，战略层面提升风险决策能力

制定外汇风险管理办法，明确项目全流程汇率风险管控，明确套期保值操作前

提、操作流程，为风险管理有效决策奠定基础。年度上报套期保值计划，明确操作前提、操作品种、操作额度，为快速响应市场变化、及时进行套期保值操作、有效管理汇率风险奠定基础；月度监测套期保值进度，保证外汇风险可控在控，金融衍生品操作合规有效。梳理金融衍生品操作手册，总结市场操作经验，促进工作质量和效率进一步提升。

4 手段灵活、工具多元，战术层面灵活应对提升风险控制能力

业务避险：通过优化国际业务布局，投资不同区域的境外资产，实现外币资产的多元化，适当控制高风险国家的投资，减少外汇的风险敞口。

自然对冲：通过当地货币融资和会计套期保值，将因汇率引起的借款价值波动与净投资价值波动自然对冲，减少汇率波动对损益及净资产价值的干扰。

金融工具避险：遵循国务院国资委有关规定，结合项目需要和金融市场环境，适时运用外汇远期、交叉货币掉期等工具锁定投融资成本。

9.3.2 人员安全风险防范

随着国际业务不断发展，赴境外工作及出差的员工数量逐渐增多，面临复杂多变的国际环境局势，人员安全风险逐步凸显。国家电网积极构建境外人员人身安全管理体系，健全“事前预防、事中控制、事后保障”三道防线，切实保障长期驻外人员和短期国际差旅人员的人身安全。编制《因公出国（境）学习手册》《因公出国（境）团组和驻外机构安全注意事项》等材料，向每一位因公出国（境）员工发放，并根据国际局势变化，根据外交部和使领馆通知，及时发布特定注意事项通知。

1 以制度体系建设为抓手，搭建人身安全保障体系

明确各级责任主体及工作职责。针对短期因公出国（境）团组，由组团单位（部

门）负责行前教育，建立团长负责制，并指定团组安全员，细化具体工作，将责任落实到人。

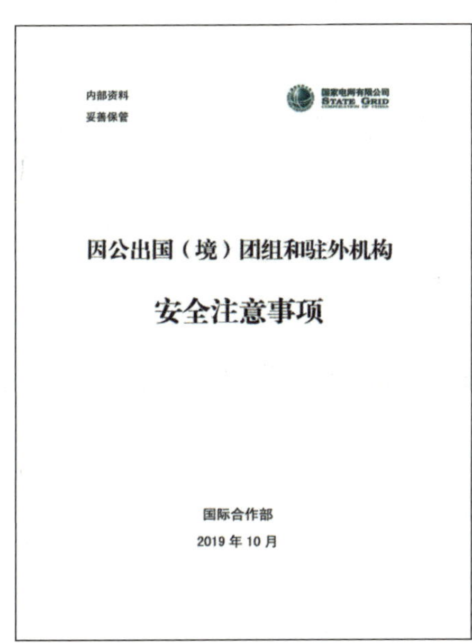

图 9–1 有关因公出国（境）材料手册

结合自身实践经验，集中推出三项制度，实现“建起来、管起来、用起来”。 **一是**编制境外人员人身安全管理规定，集成和汇总了当前各项涉及境外人员人身安全管理的相关规章文件，梳理和规范了境外人员人身安全管理各个流程和环节的具体工作；**二是**制定涉外突发事件应急预案，提升境外人员人身安全突发事件的应急处置能力和应急响应速度；**三是**修订全球差旅安全服务项目管理规定，普及会员权益及使用方法，提升员工人身安全风险意识和技能。

编制境外人身安全手册。国家电网根据资产及人员布局，有机融合多方相关资料，为员工量身定制人身安全手册。该手册涵盖常驻国家及地区，深入排查各项风险隐患，细致全面地从多方面、多角度进行风险分析，包括政治局势、犯罪治安、恐怖主义、自然灾害、交通安全、饮食、疾病、诈骗等风险；同时提出可行性强、实用性高的差旅及安全建议，并普及紧急情况下的应急措施及求助电话。手册以国别为单位分册印刷，方便长期驻外人员和短期差旅人员随身携带、随时查阅。

2 以事前预防为根本，着力加强对境外项目的安保排查、应急演练和安全教育培训

对各境外项目和培训机构营地、驻地、租住民房、住宿酒店的安保力量配备情况进行不定期排查。要求重点项目营地、驻地配备军警或保安公司；对所住宿的酒店和租住的民房选择安保力量完善、配有安全设施和保安的环境。对不满足安保配备要求的驻地进行整改督办，消除安全隐患。

多次开展境外紧急情况应对演练，及时发现问题、完善对策。按照公司级和项目级两个级别，组织境外项目开展防疫、传染病、交通事故、群体罢工事件、骚乱哄抢事件、政变、军事冲突、恐怖袭击、突发触电、暴雨洪水灾害、安保应急等应急演练数十次，提高境外人员紧急情况应对能力，对演练中发现的问题及时完善。如以菲律宾发生地震致使驻外员工意外骨折为演练背景，推演模拟应急响应的各个环节和流程，并将演练过程拍摄成视频，供全员参考学习。

持续开展安全教育培训。多次为拟外派人员举办国际差旅安全培训讲座，聘请国际 SOS 专家详细讲解国际差旅安全风险防范、行前准备工作、紧急情况应对及疫情防控知识等内容，并将讲座视频分享至所有驻外团队，供员工观看学习。

3 以事中控制为关键，着重提升应急管理水平

国家电网驻外人员遍布不同的国家和地区，各国的风险程度、治安水平、医疗条件参差不齐，人员人身安全事件又通常事发紧急，一旦发生意外，能否以最快的速度响应、调动应急资源是保障人身安全的关键。国家电网建立“生命至上、以人为本；预防为主、全员参与；快速反应、协同联动”的长效机制，最大限度预防和减少境外人员人身伤亡事故发生。

深化外部机构合作，充分利用资源。积极签订国际 SOS 差旅救援服务合同，

拓展境外医疗资源、紧急救援资源、医疗转运资源等安全保障资源和渠道，提供安全及医疗信息、邮件预警、紧急医疗救援及运送等服务。依托国际 SOS 平台，动态监测驻在国风险，并及时发出预警。与驻在国使馆、中资企业商会、其他中资企业、业主公司、警局、当地医院等加强联系，拓宽风险信息收集渠道，打通风险应急处置渠道。

4 以事后保障为后盾，全面构筑保险保障体系

深度梳理驻外团队境外保险参保情况。调研派驻国家（地区）相关政策及境外公司相关规定，编制并印发关于驻外人员保障管理相关事项的通知，统筹整合驻外人员境内外保险险种，为员工投保综合意外保险，分层级保障人员人身安全。

引入与国际 SOS 联动的第三方保险公司。优化服务紧急医疗物资运送、医疗费用补偿等服务，同时在突发疫情的特殊背景下，为保障境外人员安全，全力争取扩展新冠肺炎保障权益，打通境外人员突发事件全流程保障，充分发挥保险利用效能。

投保新冠肺炎专项意外伤害险。在国家电网统一组织下，针对境外新冠肺炎疫情持续蔓延的情况，为全部驻外人员投保专项意外伤害险，实现境外人员疫情期间保障全覆盖。

9.3.3 法律风险防范

国家电网不断提升境外法律风险的识别、评估、预警、应对的能力和系统化管理水平，实现法律风险管理全方位覆盖、全流程参与。

1 重大决策应审必审，实现法律风险源头防控

依托业法融合优势，发挥法律工作对合法性审核顶层价值的支撑作用，实现合法性审核内嵌于决策流程的全过程闭环管理，切实做好总法律顾问和法律合规部门

专业审核把关，保障依法决策、合规经营。在境外投资运营平台层面，对于境外重大投资事项，相关法律部门专业人员于事项酝酿初期加入各专业部门，开展关于投资事项的讨论，在充分了解项目的背景、战略意义、财税考量、技术考量等相关信息后，对投资事项进行合法性审核。不仅局限于法律文字层面的分析，更是对投资事项的方方面面合法性的渗透性分析。

2 依托业法融合优势，法律保障贯穿项目全周期

充分发挥法律部门风险敏感性强、业务部门管控措施多的综合优势，每个境外项目都配置了专门的法务团队，向各专业、各环节提供精准、高质量的法律服务。由资深法务经理带领初级法务经理直接参与项目，从项目筛选、尽职调查，到交易谈判、监管审批，再到后续境外资产的运营支持，深度介入项目全周期。真正实现法律全方位覆盖、全流程参与，对境外项目开展全生命周期的法律风险监测与防范。

项目法务团队在尽职调查过程中审慎识别隐患点，将潜在风险客观反映到估值报价中，不蛮干冒进；精心设计交易结构与合同维权条款，确保潜在风险敞口得到合理覆盖；牵头准备政府审批申报文件，与东道国利益相关方充分沟通。

3 开创“法治视界”窗口，强化境外法律及监管风险防控

在逆全球化、保护主义思潮蔓延和中美经贸摩擦持续发酵的大背景下，欧盟、美国、澳大利亚等主要发达经济体修法立规，扩大审查范围，降低审查门槛，收紧外资监管环境。国家电网高度重视此类境外法律和监管风险，以涉及中国国有企业投资、建设、运营电网等关键基础设施的各国最新监管政策和外资立法为切入点，持续跟踪境外政策变动，紧盯境外执法趋势，每年滚动更新境外立法变动专题报告，预先部署风险防范举措，将法律风险防范提前纳入交易结构设计、交易文件谈判和政策审批申报等关键环节予以综合考量，确保境外投资与资产安全。

4 警惕疫情引发的风险，持续加强防疫法规政策宣贯

突如其来的新冠肺炎疫情在全球范围内产生重大持续影响。在疫情暴发之初，针对疫情可能引发的履约纠纷等风险，迅速应对，立足经营实际情况，结合专业律所意见，编制并发布疫情期间合同履约风险提示和法律指引，开展自查和证据留存，建立及时获知、专业应对的疫情风险防范机制。截至 2020 年年底，国家电网未因疫情而发生重大法律合规事件，法务工作经受住了疫情的考验。

延伸阅读

境外电力投资尽职调查与风险防范指引

针对境外并购中的电力行业标的公司，应重点关注其是否合法设立并有效存续，其业务从当地政府（土地、建设、环保、电力、安全等部门）取得的政府审批、资质证明、项目备案、政府补贴、税收优惠等情况，项目的建设规模、建设阶段、并网情况等事项，项目用地的取得方式、审批、相关合同及费用支付情况，以及知识产权、诉讼仲裁及行政处罚、人力资源、环境保护等情况。

相较于国内并购，境外投资并购要考虑更多的因素，包括政治风险、法律风险、国家安全审查风险、财务风险、文化认同风险、并购后整合风险、并购后信息披露风险等。因此，电力行业的境外投资并购项目初期往往需要对投资目的地的法律环境进行尽职调查，包括外国投资者投资本国电力行业的相关法律法规，外国投资者投资当地电力行业的途径和流程，项目投资可能涉及的协议，项目审批、主管机关及审批流程，公司设立、外汇、劳动用工、融资、用地、环境保护和社会影响、争议解决等，以在并购前对所在国法律环境有全盘的了解和掌握。

尽职调查的进行需要以合理审慎为基础，在开展法律尽职调查过程中，

需要结合多种方法对相关事实进行调查，并根据相关法律法规进行严谨的论证分析。并合理、充分利用各种调查方法进行查验，再将调查结果与复核核实的结果进行对比，分析不同调查内容之间的关系。

尽职调查方法可能涉及：审阅目标公司提供的尽调资料，通过公开渠道进行独立核查，对目标公司高管及相关负责人进行访谈，现场实地考察，走访行业协会、商会及行业主管部门，综合运用其他手段等。

法律尽职调查的作用在于：一是尽可能了解标的公司/尽调对象的真实情况，确定融资企业的未来价值。一方面对标的公司的投资价值和积极因素有更全面的认识，便于确定投资方案；另一方面可识别标的公司的投资缺陷，便于判定预期投资的消极影响因素。二是判断能否实现投资目的，评估投资合理性及投资风险，解决信息不对称问题。投资目标能否实现不仅取决于当前的财务账面价值，同时也取决于未来的收益。对企业内在价值进行评估和考量必须建立在尽职调查基础上。三是揭示法律风险，作为出具法律文件、进行投资决策的依据。四是为设计投资方案和交易文件做准备，通过法律尽职调查明确交易中存在的风险和法律问题，便于交易双方对交易结构、收购价格、先决条件、交割后的义务及交易各方的义务进行谈判，为设计最终的投资方案做准备。

9.3.4 合规风险防范

国家电网深入贯彻国务院国资委、发展改革委关于加强中央企业及其境外业务合规管理的相关要求，全面落实国家电网合规管理体系建设工作部署，以建设“法治国网”，打造全球领先合规品牌为目标，立足业务实际，优化完善合规管理体系，合规治理能力得到显著提升。在防控风险、合规经营的前提下积极拓展国际业务，稳健运营境外资产，积极履行社会责任，塑造良好国际形象，提升国家电网品牌国际影响力。

国家电网对境外项目的合规管理不是求大求全，而是以风险为导向，精准识别潜在风险点，针对性地予以防范。如经评估被判定为合规风险较低的项目，会进入快车道，在协议谈判时可考虑采用简化模式的风险保护条款。而高风险项目需要进入慢车道，由负责合规管理的部门集体审议，在交易文件、目标公司治理结构中设计充分的风险隔离机制和保护机制；关键节点需要踩踩刹车，停一停，再次评估决定是否继续前行。在项目实施开展过程中，持续对境外资产合规体系建设进行指导，确保合规管理闭环，且贯穿于项目并购运营全周期。

10 三 化 经 营

国际化之路启航以来，国家电网始终坚守全球电力行业长期投资者的定位，高度重视项目运营管理，竭力避免“重资本输出、轻资产运营”的问题，坚持立足长远、精耕细作，积极融入东道国当地社会，持续提升项目运营管理水平和经济效益，努力把每个项目都建设好、管理好、运营好，促使项目实现落地生根和滚动发展。

10.1 市场化

10.1.1 遵循国际商业规则

国家电网结合境外资产实际情况，规范企业治理，充分利用当地团队，遵守所在国法律，坚持以市场化原则运营当地项目。在运营境外项目过程中，国家电网建立了以差异化管控模式为原则、内部管控体系为抓手、全过程风险管控为导向、良好外部环境为保障的境外资产运营管理体系，审慎开拓境外项目、稳健高效运营境外资产，提质增效，取得了良好投资收益。

国家电网仅派出董事、少数高管和少量关键岗位的员工，主要依靠当地力量、依据当地的商业规则进行境外资产的运营。对于参股和控股公司，如葡萄牙国家能源网公司项目、南澳输电网公司项目、国网澳洲资产公司项目等，依据所持股比，通过派出一定数量董事参加重大事项决策的方式进行资产管控。对于全资公司，如巴西也仅仅派出约 30 人的团队，任总经理及财务、发展策划、运维等关键部门的主要负责人，而管理人员和技术人员大都聘用当地员工。董事、高管的参与既可保障实现管控、管理的目的，还可把国家电网大电网管理运营的经验与当地经验有机结合，提高资产的运维水平和质量。国家电网投资的输配电、输配气业务属于东道国的基础设施，关系其社会和民生，大量聘任当地员工从事生产和管理，可以化解政府、民众对国家电网等外来投资者的疑虑，有利于业务的持续稳健运行和后续的业务开拓。

案例 10-1

适应监管规则，提升巴西资产运维水平

近年来，国网巴西控股公司资产规模逐年增加，运维任务愈加繁重，这就对其运维管理水平提出了更高的要求。按照当地法律法规及监管要求，国网巴西控股公司结合对年度许可收入（RAP）扣减事件的调查分析和统计，总结经验教训，采取预防措施，防止和减少安全事故，不断提升运维水平。

（一）运维管理的现状

根据统计分析，国网巴西控股公司的 RAP 扣减事件和运维管理现状存在以下几个方面的突出特征。

（1）国网巴西控股公司非计划事故停运比计划检修数量多，造成的经济损失大，其 RAP 扣减占历年扣减的 96.8%以上。若能尽早发现设备缺陷和隐患，超前安排计划检修，可有效降低非计划检修和事故停运的频次，RAP 扣减金额和发生数量将显著降低。

（2）RAP 扣减事件中，电流互感器爆炸、倒塔等重复性、家族性事故多次发生，是造成国网巴西控股公司 RAP 扣减急剧增加的决定性因素。如果能够举一反三，及时有针对性地安排整改，可以有效降低重复性、家族性事故发生，避免上述事故造成的大额 RAP 金额扣减。

（3）RAP 扣减事件中人为原因导致的占比约为 9.32%，主要原因包括检修计划安排不合理，造成工作超时、延迟投运；检修工作完成未及时汇报；线路跳闸后恢复不及时等情况。此类原因造成的 RAP 扣减通过开展管理提升工作可以得到有效改善，如加强专业技能培训、加强绩效考核等，逐步降低或消除人为原因造成的 RAP 扣减。

（4）通过分析，可以发现国网巴西控股公司各工区的运维管理水平不均衡，并且运维管理的薄弱环节各不相同；同时工区内部各特许权公司的运维管理水平也存在差异，每个工区都有问题比较突出的特许权公司。如果针对各个工区运维管理的薄弱环节分别采取专项提升，开展对特许权公司突出问题的专项治理，可以显著降低 RAP 扣减。

（二）采取的整改措施

（1）针对电流互感器爆炸系列事件，一方面落实整改，及时有序完成问题设备更换；另一方面积极跟踪事故研究结果，发掘各种有利因素，积极进行申诉，追索因电流互感器爆炸导致的 RAP 扣减。

（2）雨、旱季交替时节，飓风高发。针对重要输电通道和微气象因素控制区域，对输电线路铁塔和基础设计进行研究复核、线路进行专项缺陷排查，尤其把补强铁塔基础和拉线基础措施列入重点工作。

（3）继续开展继电保护提升和专项治理，一是将继电保护运维管理的关口前移，实现图纸、设备一一对应，梳理排查二次接线、保护定值和逻辑错误；二是加强二次设备的台账管理，评估设备健康状态和剩余年限，及时制订老旧设备更换计划。

（4）针对串联补偿器、静止无功补偿器等复杂设备，开展专项业务培训，提升人员对复杂和新型设备的运维水平。

（5）加强日常巡视维护力度，提高设备缺陷管理水平，减少 RAP 扣减。

（6）进一步加强年度综合计划项目管理，规范技改大修项目的立项审批，根据设备现有运行状况，进行状态评估，有针对性地进行整改或更换，提高设备可用率。

（7）加强应急管理，提高事故预案管理水平，严格执行应急抢修流程和相关工作程序，完善备品备件定额管理，加快应急资源的调配速度，提升应急抢修速度，避免因应急抢修不及时导致的高额罚款。

（8）深入研究最新的监管决议，按照监管设备最低检修要求，结合特许权公司设备设计标准和运行状况，合理安排检修项目，充分利用检修周期和检修免责等相关规定，优化检修计划。

（9）完善运维的月、周例会制度，实现信息深度共享，重大方案应充分讨论；完善管理人员配置，提高计划和专业管理水平；加强对现场运维人员的业务培训和责任心教育，提升运维人员的专业素质。

10.1.2 适应当地电网监管要求

国家电网的境外资产主要是政府监管资产，收益水平与监管政策息息相关。在国际项目推进过程中，遵守国际规则和所在国法律法规，规范运作。一方面是规范审批。如国家电网在菲律宾项目中标后，通过一年多的众议院和参议院的审批，最后形成了特许权法案而不是行政审批，使项目保持平稳运营和良好收益。在葡萄牙国家能源网公司和意大利国家能源网公司收购过程中，国家电网规范地进行了欧盟反垄断审批沟通。另一方面是科学设置治理结构。国家电网所有境外投资项目均争取了与股比相对应的董事席位，并派出高管团队直接参与公司管理，确保我方的管控力。在境外项目运营过程中，国家电网境外资产管理团队充分尊重当地文化，严格遵守所在国法律法规，按照商业规则，加强与当地政府部门、监管机构、合作伙伴的互动和沟通，实现合作共赢。

10.2 长期化

10.2.1 长期投资、滚动发展

1 始终坚持聚焦主业

国际市场变幻莫测，不乏一些能够赚“快钱”的机会，但高收益伴随高风险是一条基本规律。有赚“快钱”盆满钵盈的个案，但更多的案例是由于铤而走险企业濒临破产。对于投资类项目，重点选择经营稳健、产业带动力大和控制力强的项目；对于工程类项目，主要选择带动力强的总承包项目，带动电工装备出口和技术管理输出，努力延伸国际业务价值链。国家电网始终坚持投资回报率底线，不搞投机和恶性竞争，不单纯追求中标，对存在风险和回报率较低的项目主动放弃。如国家电网在巴西实现了存量资产并购、绿地项目开发的不断突破，业务范围涵盖输电、配电、新能源等；在埃塞俄比亚，在把 GDHA500 千伏输变电工程建成非洲最先进输变电工程的基础上，又获得首都轻轨配套供电工程、中低压配网升级改造项目和埃肯联网 ±500 千伏直流输电工程总承包。

2 立足长远深耕细作

电网和骨干能源网是重要的基础设施，深入千家万户，事关能源安全和民生大计，各个国家都很看重。所以此类项目的经营期都长达 25 年以上，最长可达 99 年。2010 年 12 月和 2012 年 12 月，先后两次共收购巴西 14 家输电特许权公司 100% 股权，成立了国网巴西控股公司，实现专业管理、滚动发展，不仅大幅提升了电网运营水平，而且成功中标巴西美丽山特高压输电一期、二期项目和特里斯皮尔斯水电站送出项目。2012 年和 2014 年，国网巴西控股公司两次被巴西权威媒体评为巴西电力行业最佳公司，获得巴西公众广泛的信任，为后续扩大投资奠定了基础。2016 年 9 月，又成功收购巴西最大的配电公司 CPFL 公司 54.64%的股权，国网巴西控股公司成为集发电、输电、配电于一体的大型电力企业，具备全产业链开拓巴西市场的实力，形成辐射南美的“桥头堡”。

10.2.2 融入当地经济社会发展

1 负责任运营境外资产

国家电网作为菲律宾国家电网公司的单一最大股东和技术支持方，帮助其建立了企业标准化管理体系和企业技术标准体系，涵盖电网规划设计、工程建设管理、设备技术、运行和检修等方面，有力促进了电网运行水平持续提升。近年来，菲律宾国家电网公司系统可用率、频率合格率、电压合格率、系统停电严重指数、线路百千米跳闸率等主要绩效指标均优于菲能源监管委员会（ERC）监管考核要求，连续 8 年获得 ERC 电网运行绩效考核奖励。

作为葡萄牙国家能源网公司的主要股东，国家电网无私分享技术和管理经验，助力其提升价值、减轻债务压力，推动其信用评级持续稳步提升，助推 REN 成为葡萄牙唯一被三大国际评级机构同时评为投资级别的公司。

巴西美丽山特高压输电项目是“特高压+清洁能源”在拉丁美洲的示范工程，为巴西提供了最优的能源配置解决方案。通过实施该项目，“世界第四大水电站”与“世界最高等级电力传输技术”进行强强联手，极大地缓解了巴西电力不均衡的格局，促进了当地经济社会发展。

案例 10-2

发挥长期投资者价值，与葡萄牙国家能源网公司全面合作

（一）获得中资银行支持，拓宽融资渠道

2012 年，在欧债危机持续发酵、葡萄牙经济衰退、融资成本上升的背景下，国家电网积极协助中资金融机构拓展国际业务，葡萄牙国家能源网公司（REN）获得国家开发银行 10 亿欧元授信。2013 年 4 月，REN 与中国国家开发银行在里斯本正式签署了协议书贷款 8 亿欧元。中资银行的加入使得 REN 的融资渠道更加多元化。同时也实现了银企合作，抱团出海。

（二）提升信用评级，降低融资成本

由于国家电网的持续支持和中国国家开发银行等中资银行的贷款增加了 REN 资金的流动性，REN 的信用评级水平得到持续稳步提升。2013 年 1 月，REN 获得惠誉 BBB 投资级信用评级。这是当时葡萄牙企业获得的最高评级，高于葡萄牙国家主权评级两级。2014 年 8 月，穆迪公司（简称穆迪）上调 REN 的评级至投资级。2015 年 10 月，标普公司上调 REN 的评级至投资级。至此，REN 成为当时葡萄牙唯一同时获得全球三大信用评级机构投资级别的公司。2018 年 10 月，标普将 REN 信用评级

由 BBB-上调至 BBB，REN 评级进一步提高。REN 平均融资成本由 2012 年 6 月底的 5.6%降为 2020 年 9 月底的 1.9%。

（三）开展技术合作，提升研发能力

在国家电网投资入股之前，REN 没有科研机构。2012 年 7 月，国家电网和 REN 签署了研发中心合作备忘录。2013 年 6 月，国家电网与 REN 在里斯本联合成立 NESTER 研发中心，开展电网运行控制、新能源利用等多项课题的研究工作。由国家电网派驻高管团队负责人兼任研发中心董事长，中国电科院负责运营实施，并派常驻人员 1 名担任研发中心副总经理。2020 年，NESTER 研发中心执行的在研科研项目共计 21 项，包括欧盟 H2020 项目、葡萄牙 P2020 国家科技项目、国网海外研究院项目和国家科技项目等。截至 2020 年年底，中国电科院共有 40 余名技术人员曾赴葡萄牙开展项目研究。

（四）深化能源合作，促进新能源技术发展

2017 年 2 月，国家电网与 REN 在葡萄牙共同举办了新能源技术研讨会，来自葡萄牙相关政府部门、主要能源企业及各高校和研究机构的 30 余人参加了会议。会议分享了葡萄牙新能源消纳的经验、深入探讨了新能源技术发展趋势、提高新能源大规模接入能力及完善市场机制等热点问题。

2017 年 6 月，葡萄牙科技部部长应邀参加了国家电网在德国举办的新能源发展与技术国际研讨会并发表主旨演讲。2017 年 7 月，国家电网、REN 和全球能源互联网发展合作组织三方共同签署了关于加强技术合作探讨共同参与国际能源互联项目的谅解备忘录，进一步推动中葡两国能源合作。

2018 年 12 月，中国国家主席习近平对葡萄牙进行了国事访问，在中葡两国元首见证下，国家电网与 REN 签署了合作框架协议，推动双方进一步深化务实合作。该合作框架协议的签署，彰显了国家电网多年来在葡投资的显著成效，促进中葡两国能源合作再上新台阶。

（五）增强互信合作，共同开拓国际市场

一方面，国家电网在开展巴西和意大利相关项目中邀请 REN 参加项目技术咨询；另一方面，国家电网也积极为 REN 在秘鲁、智利等国家的投资项目提供技术和商务层面的支持。通过项目合作，双方增强了互信，为进一步开展国际项目合作打下坚实基础。此外，REN 与国网江苏省电力有限公司、国网天津市电力公司、南瑞集团、山东电工电气集团等在新能源利用、同业对标、电工装备出口等方面开展深入合作。此外，国家电网积极响应国家“一带一路”倡议，带动中国装备和工程承包建设“走出去”，推动 REN 进一步向包括中国企业在内的国际承包商开放竞争，山东电力设备有限公司中标 REN 变压器采购项目，江苏亨通光电股份有限公司与 REN 签署了葡萄牙首个浮式海上风电输出海缆总承包及维护项目，加强了国际产能合作，实现互利共赢。

（六）加强与葡政府沟通，营造良好的外部环境

国家电网与 REN 及葡萄牙政府各个层面开展了广泛而深入的交流，中葡双方互访频繁。在 REN 的监管重置和输电系统运营商（TSO）资格认证等重大经营问题上，国家电网多次与葡萄牙政府相关部门和监管机构进行沟通，为 REN 争取权益。葡萄牙政府每三年进行电力和天然气的监管重置，在国家电网的大力协调和推动配合下，REN 争取到了较好的监管政策，为 REN 稳定的监管收益打下了良好基础。同时，葡萄牙政府部门和监管机构批准了对 REN 的 TSO 资格认证，为 REN 未来的稳定经营和发展营造了良好的外部环境。

2 积极在境外运营领域辐射共享效应

国家电网在菲律宾国家电网公司实施的棉兰老岛至维萨亚直流联网工程中，作为技术合作伙伴，积极发挥技术和集团化运作优势，从项目标书制作阶段便有效推动项目进程，推广应用国家电网输变电工程标准工艺，带动国内先进技术和优势产能输出取得实效，确保项目建成为高质量、高标准的精品工程。

协调组织国网国际发展有限公司、国网福建省电力有限公司与菲律宾国家电网公司签署三方技术合作备忘录，并召开两次三方技术交流会，探讨包括变压器和输电线路状态检修、变压器防火防爆、运维检修及试验基准等多个重点议题，为国家电网下属省公司与境外资产间搭建常态化沟通渠道，推动了国家电网先进技术输出与境外资产稳健运营。

精心组织和策划港灯公司 CEO 赴苏州同里综合能源服务中心、GIL 管廊施工现场及上海虹杨变电站参观，并与国网江苏、上海电力深入交流，各方围绕城市电网规划设计、建设、运维等领域，碰撞管理理念。同时，该活动向外宣传了国家电网先进技术和管理经验。

组织希腊国家电网公司骨干力量赴国家电网交流人力资源管理实践，推动国家电网先进管理经验的全球共享，助力国家电网影响力不断提升。希腊国家电网公司结合克里特岛联网项目需求，选派系统内直流技术专家赴希腊长期工作，为国家电网优化全球人力资源配置积累了宝贵经验。

多方联系、积极推动意大利国家配气公司来华开展业务交流及采购工作，在价值链外延的同时，做好国际一流技术和管理经验的引进工作。沟通协调国网节能公司与意大利国家天然气公司的合作互访，促进双方在生物质能源等领域的商业合作；为其与中国华电集团有限公司、华润（集团）有限公司、中国石油天然气集团有限公司、中国石油化工集团有限公司等中央企业合作搭建桥梁。意大利国家天然气公司与华润集团下属公司签署了关于生物质能源的初步合作协议，与中石油、中石化、北京燃气集团有限责任公司及新奥集团等企业就地下储气库方面的合作进行接洽。

10.2.3 建立优良的市场信誉

国家电网充分发挥股东资信优势，积极带动提升了境外公司信用评级，如国家电网向评级机构证明母公司支持力度，助力下属巴西子公司——国网巴西控股公司获得了高于巴西主权评级的信用评级。凭借出色的技术和管理优势，国网巴西控股公司取得了优秀的经营业绩，真正做到了“安全好、管理好、效益好、形象好”，多次获评“巴西电力行业最佳企业”，得到了巴西社会各界的充分肯定。由于国家电网的持续支持和中国国家开发银行等中资银行的贷款，增加了公司境外资产REN的资金流动性，其信用评级水平得到持续稳步提升。

在聚焦主业、着眼长远、加强管理、严控风险的前提下，国家电网成功在埃塞俄比亚、巴基斯坦、老挝、缅甸、埃及、土耳其、巴西、尼泊尔等国家建成和在建工程 50 余项，工程管理、商务运作和标准质量稳步提升，在国际工程承包市场建立起良好信誉。埃塞俄比亚 GDHA500 千伏输变电工程被埃塞政府确定为“青少年爱国教育基地”，世界银行和非洲多个国家派员考察，得到业主及行业的充分肯定和高度评价。国家电网下属中电装备公司成为国家开发银行、中国进出口银行、中国信用保险公司重点扶持的外向型企业，连续 5 年获中国机电产品进出口商会、中国对外工程承包商会 AAA 企业信用评级，连续 5 年获评中国对外承包工程行业 A 级企业。此外，国家电网设立了非洲市场区域中心，搭建了境外业务投建营一体化工程承包平台，以保障国际工程承包业务可持续发展需求。

图 10－1 埃塞俄比亚当地学校学生到 GDHA500 千伏输变电工程变电站参观进行爱国主义教育

10.3 本土化

10.3.1 技术、管理的本土化融合

国家电网在境外项目运营过程中，始终贯彻负责任的运营理念。用中方的技术和管理实践经验融入和带动当地企业经营和电力行业发展，实现负责任和长远地发展。既授人以“鱼”又授人以“渔”，为当地培养技术和管理专家人才，填补当地的技术空白。

国家电网开展的巴西美丽山特高压输电项目既满足巴西当地法律法规和技

术规范的要求，也借鉴了国家电网的丰富实践经验，结合中国特高压直流技术标准，实现了中国特高压输电工程技术水平、管理能力和巴西本地化实施方案的有机结合。

一是加强与巴西政府机构和监管部门的沟通和协调。巴西政府高度重视美丽山特高压输电一期、二期项目实施工作，将项目列入国家重大工程项目名单，并成立了由巴西矿产能源部牵头，巴西电监局、环境与可再生资源局、考古与文物保护局、能源规划研究院、国家印第安基金会等部门和机构参与的项目协调委员会，定期听取项目工作进展汇报，协调解决项目实施过程中的困难和问题。

二是熟悉巴西标准，优化项目技术方案。通过巴西美丽山特高压输电一期、二期项目，国家电网与巴西国家电力调度中心建立了密切的沟通机制，通过双方高层会晤和工作层面技术交流，使团队进一步熟悉和了解巴西电网特性和工程设计理念，通过不断优化技术方案，更好地适应巴西电网调度运行需要。

三是在巴西美丽山特高压输电一期、二期项目实施中，在中方人员主导换流站工程技术方案及相关工作的同时，也在项目公司层面进一步吸收、选聘了巴西当地市场中有影响力的专业人士，在增强本土化管理和运营成分的同时，进一步加强了线路工程实施、环保取证等工作，以及与政府机构的沟通力度。

国家电网十分重视与境外合作方的人才交流和培养。在开展土耳其凡城工程总承包项目过程中，国家电网邀请土耳其国家输电公司电力技术工程师来华，组织了为期近一个月的直流运维技术培训班，促进中土两国电力工程专业人员技术交流学习与经验分享借鉴，为土耳其培养首批具有高水平专业素养的直流工程项目管理人才和运维检修人才，填补土耳其国内该技术领域空白，为土耳其国内首个直流输电工程——土耳其凡城 600 兆瓦换流站项目后期运维奠定基础。开设印度尼西亚电网高级管理人员培训班，分享智能电网、新能源并网与储能、线损管理、调度系统建设、电动汽车充换电服务、国际标准制定等多方面的技术和经验，并邀请学员将先后前往青海西宁、浙江舟山、上海学习参观。与菲律宾项目公司开展技术交流和专业培训，累计为菲律宾国家电网公司培训各类管理和技术人员500余人次。在输变电工程建设和项目管理领域，为巴基斯坦、埃及、印度尼西亚项目业主培训技术人员超过2000人次。

图 10-2　菲律宾国家电网公司高级技术人员在国家电网交流培训

10.3.2　促进当地就业

国家电网坚持本地化发展，积极聘用当地员工，开展文化融合，加大本地员工培训力度。主动融入当地，认真履行企业社会责任，积极聘用项目所在国员工，帮助项目国增加就业、改善民生。尊重当地文化、宗教和习俗，注重跨文化融合，积极履行社会责任，服务当地经济社会发展，为合作方和当地社会创造价值、增加福利。努力赢得项目所在国政府、合作方和社会各界的认同和尊重，树立负责任的中国企业形象。

巴西美丽山特高压输电二期项目换流站交流设备和直流线路材料等 60%以上设备、材料和施工服务来自巴西本地，采购金额超过 20 亿雷亚尔，积极带动了当地电工装备上下游产业链发展；同时，在巴西当地提供了约 1.6 万个直接就业岗位，依法合规贡献税费，显著拉动了当地经济社会发展，造福当地人民，实现中巴互惠共赢。国家电网在巴基斯坦、埃塞俄比亚、沙特阿拉伯、埃及等境外工程实施累计为当地创造约 3 万个就业岗位，有力促进了当地就业。

图 10-3　埃塞俄比亚籍“班长”伊森指挥施工

10.3.3　推动文化融合

菲律宾每年都要遭受台风侵袭，电力设施曾屡遭严重损毁。作为菲律宾国家电网公司（NGCP）的主要股东和技术合作伙伴，国家电网通过建立了覆盖全国电网的应急指挥系统、分享应急响应管理经验，帮助其大幅缩短了灾害中恢复电网运行的时间。不仅优化了当地电网网架结构、提升了当地电网发展质量、确保了供电安全可靠，也向当地输出了“灾害后迅速修复供电、提升抢修反应速度”

的企业运营理念。在国家电网大力支持下，菲律宾国家电网公司积极应对台风、地震等自然灾害影响，及时在受灾地区开展电力抢修恢复，为受灾家庭提供后备援助。国家电网还多次派遣专家团队，赴菲协助其进行灾后抢修指导及灾后永久恢复方案设计。

国网巴西控股公司和里约热内卢孔子学院联合建设了中巴文化交流展示中心，集中讲述中国故事、传递中国声音、展现中国形象，打造跨国家、跨文化、跨企业的综合展示平台。

案例 10-3

中巴文化融合，促进民心相通

中巴文化展示中心项目：国家电网与 9 家驻巴中央企业协同联动，在里约热内卢市搭建中巴文化交流展示中心。展示中心包括文化交融、民心相通、携手共筑、谱写新梦等展区，全面展现驻巴中央企业共建“一带一路”、服务当地发展的显著成效。展示中心于 2019 年 11 月 6 日—12 月 31 日在巴西里约热内卢进行展出，展厅面积约 490 平方米，指导单位为巴西里约热内卢州文化厅、中国驻里约热内卢总领馆，主办单位为国网巴西控股公司、里约热内卢孔子学院。

巴西 CPFL 文化中心相关项目：CPFL 依托 CPFL 文化中心持续开展“中国文化月”活动。2020 年受疫情影响，活动改为线上形式开展，以视频播放集中展示中国文化相关内容。共开展 4 场哲学咖啡角线上讲座、1 场中国音乐会直播，播放 10 部中国电影、10 首中国乐曲和文化中心主页上的中国文化视频链接，涉及东西方差异、中国制造、现代中国等主题，影响范围在百万人次以上。

10.3.4 履行社会责任

百年长盛不衰的企业具有一个共同特征，就是突破了“唯利润为先”的境界，积极履行社会责任。积极履行社会责任、与当地利益相关方实现共同发展，这是确保境外项目长期可持续发展的重要保障。国家电网在国际化发展过程中，始终坚持互利共赢的基本原则，积极履行社会责任，融入当地社会，赢得项目所在国政府、合作伙伴和社会各界的信任，树立了负责任的中国企业形象。

在巴西，国家电网积极开展本土化运营，雇用当地管理和技术人员，同时利用税收政策支持赞助巴西贫民窟儿童教育，体现了中国企业的责任担当，获得联合国全球契约组织“社会责任管理最佳实践奖”。

巴西美丽山特高压输电二期项目是国家电网履行环保社会责任、践行特高压绿色发展的一个典范。巴西美丽山特高压输电二期项目工程各阶段的工作得到了巴西联邦环保局和巴西业界的高度认可，巴西联邦环保局称该项目是巴西电力工程中“履行环保责任，践行绿色发展”的成功典范。美丽山特高压输电二期项目是巴西近十年来第一个零环保处罚的大型电力工程，获评 2019 年度“巴西社会环境管理最佳实践奖”，成为尊重环保、合法经营的国际项目典范。

在巴西美丽山特高压输电项目实施过程中，国家电网在当地积极履行社会责任，合理利用巴西税收抵扣政策，赞助马累贫民区青少年交响乐团、弱势残疾儿童保障等公益活动，开展系列扶贫项目，赢得了巴西社会各界的广泛赞誉。

在菲律宾，大力支持社区教育、文化、医疗等服务设施建设，资助遭受台风灾害地区的 44 所学校，为 11 个边远地区和贫困社区开展免费医疗、资助贫困学生、资助校舍和供水系统建设等公益事业，建设菲律宾光明乡村，助力消除无电人口，赢得当地民众普遍赞誉。

在澳大利亚、葡萄牙，积极参与环保公益活动，资助民间公益机构，帮助孤儿回归家庭、融入社会。

在埃塞俄比亚500千伏骨干网总承包项目中，埃方雇员占建筑用工的80%以上，为埃方人员开展施工技术培训约8000人，项目组修建了便民公路，帮助2万名当地居民解决出行困难问题。此外，援建埃塞俄比亚萨贝托学校供电计划、资助埃塞俄比亚“美化亚的斯”行动。

在缅甸，援助洪灾供电设施，以共建、捐赠、资助等形式回报项目国社区、学校和宗教设施建设，提升国家电网品牌形象。

在老挝，国家电网作为唯一外资企业获老挝能矿部“2019年特别贡献奖”。

案例 10-4

境外履行社会责任，融入当地社会

建设巴西美丽山特高压输电二期项目沿线扶贫项目： 巴西美丽山特高压输电二期项目经过巴西中北部内陆的托坎廷斯州的马拉吉尼亚社区和帕拉州的维拉帕尔玛斯社区。由于这两个社区地处内陆，交通不便，经济发展滞后，居民生活贫困。在项目建设过程中，国家电网着力保护当地居民传统文化，并针对性开展扶贫工作。为两个社区捐建养鸡场、果汁厂、社区活动中心、奎隆宝拉文化纪念馆等民生文化工程。在促进巴西美丽山特高压输电二期项目工程建设的同时，为工程沿线社区减贫作出巨大贡献。

赞助巴西马累贫民区青少年交响乐团项目： 国网巴西控股公司利用税收优惠政策，从2011年起长期赞助巴西马累乐团，乐团从成立之初的不到30人，发展到如今学员超过500人，累计惠及贫民区青少年超过

6000人。因为音乐，马累的许多青少年远离毒品、枪支和暴力，考上音乐学院，走上完全不同的人生道路。2014年，国网巴西控股公司荣获联合国全球契约组织“社会责任管理最佳实践奖”。

马累乐团曾应巴西总统府邀请先后在中巴建交40周年音乐会上为访巴的习近平主席以及2015年访巴的李克强总理演出，得到两国领导人的鼓掌喝彩。巴西当地时间2015年5月20日晚，李克强总理专程看望了乐团，在得知该乐团是国网巴西控股公司资助的公益项目后，总理连连称赞：“国家电网公司做得好！”随后，总理还向乐团成员赠送了学习用品，与小乐手们合影留念。2017年，乐团还应梵蒂冈教皇邀请前往意大利参加演奏活动，在巴西引起了轰动，获得政府、媒体及巴西社会各界的高度评价。

建设菲律宾光明乡村项目：国家电网承建了菲律宾“光明乡村”公益工程一期项目（简称光明乡村项目），项目总投资60万美元，为菲律宾吕宋岛三描礼士省最偏远的Baliwet村和Old Baliwet村建设两套光伏微网供电系统，光伏发电容量76千瓦，电池储能容量432千瓦时，通过集中供电方式满足当地1000余名原住民家庭用电需求，其中包含两所小学108名儿童，为当地人民生活带来了光明和便利。项目自2019年1月24日开工建设，于2019年6月27日正式移交给当地政府电力合作社。项目投运后，国家电网还将提供2年的免费运维及长期质保和技术支持服务。该项目是中国企业在菲开展的首个大型企业社会责任公益项目，获得中、菲两国政府相关部门、当地民众及菲社会各界的充分肯定和高度赞扬，充分体现了国家电网积极履行企业社会责任的良好国际企业形象。

图 10-4 巴西马累贫民区青少年交响乐团小乐手与变电站合影

案例 10-5

助力巴西里约奥运会，服务中国体育代表团

2016 年 8 月 5 日，第 31 届奥林匹克运动会在巴西第二大城市里约热内卢隆重开幕，为本届奥运会提供坚强可靠、清洁绿色供电保障的正是国家电网所属的国网巴西控股公司。早在 2016 年 5 月，国网巴西控股公司就进入奥运临战状态，成立了奥运保电领导小组和工作小组。在准备期，国网巴西控股公司针对里约奥运会制订了特殊巡视计划，完成了奥运线路走廊清障工作和所有输变电设备的红外热成像检测任务，在赛事开始前完成了所有涉奥设备的检查维护工作。按照巴西国家电力调

度中心的要求，国网巴西控股公司还在重点变电站增加人手，组成了33人的变电站值班队伍，确保开幕式和奥运比赛期间变电站内均有人值班；组织了30人的线路巡视队伍，对相关线路的重要路段实施不间断巡视；在集控调度中心组织了14人的集控操作队伍执行保电任务。

此外，奥运会期间，在国家电网的统一部署下，国网巴西控股公司还积极配合中国体育代表团和国内新闻媒体的各项保障工作。如主动了解中国女排、中国乒乓球代表团需求，充分协调各方关系，克服当地资源紧张的局面，设身处地地为中国运动员和教练员着想，开展各项服务和配合工作，成功获得了靠近奥运村驻地的训练场馆使用权，确保中国代表团在奥运会期间训练和生活顺利。并积极配合新华社、《人民日报》和中央电视台等媒体在奥运会期间的采访工作，履行好海外企业为国效力的责任，为中国奥运代表团在里约热内卢再创辉煌作出积极的贡献。

11 境 外 融 资

国家电网发挥资信优势，拓展境外融资渠道，采取境外商业银行贷款和债券融资相结合的方式，形成了境外低成本融资、投资境外优质资产的良性发展方式。

11.1 保持高信用评级

国际信用评级就是由中立的国际专业评级机构，根据“独立、公正、客观、科学”的原则，以法律、法规、制度和有关标准化、规范化的规定为依据，运用科学严谨的分析技术和方法，对企业履行经济承诺的能力及其可信任程度进行调查、审核、比较、测定和综合评价，并公布给社会大众的一种评价行为。保持较高水平的国际信用评级，对于企业树立良好的国际形象、提升国际影响力、降低融资成本具有重要意义。

国家电网重视信用管理，从 2013 年开始参与国际信用评级以来，一直保持最高信用评价等级。2020 年 5 月，全球最为权威、最具知名度和影响力的三大评级机构惠誉、穆迪、标普相继发布 2020 年度评级报告，国家电网连续第 8 年获得中国国家主权级信用评级（标普 A+、穆迪 A1、惠誉 A+），是目前中资企业获得的最高信用等级，也是全球电力企业获得的最高信用等级。国家电网连续第 8 年获得国家主权级信用评级“金色名片”，是国际资本市场对国家电网发展战略、经营实力的高度认可和积极回应，有利于提升全球投资者的投资信心和意愿，增强境外低成本融资保障能力；有利于深化对外交流合作、开拓市场和参与全球竞争；有利于向世界展示中国中央企业形象，进一步提升国际影响力。

国家电网下属的国网国际发展公司作为境外资产投资运营平台，也积极开展国际信用评级。国网国际发展公司将国际业务发展与信用评级管理有机结合，以良好评级助力业务发展、以高质量发展提升信用评级，评级结果稳步提高，自 2015 年起连续获得 A 类优质信用评级。2020 年惠誉发布评级报告，提升国网国际发展公司信用评级为 A+。国网国际发展公司首次获得中国国家主权级信用评级，达到目前中资企业获得的最高信用等级。

11.2 打造境外融资平台

为了充分利用境内境外两种资源、两个市场，抓住有利发展机遇，依托公司良好资信优势，2013 年国家电网在香港成立国家电网海外投资公司，作为境外统一融资平台，保障国际化发展资金需求，并统一管理境外资金。国家电网海外投资公司充分利用香港金融市场优势，努力打造既适应市场规律、又有电网特点的平台公司，通过资源共享提升国家电网整体融资成本优势、提高效益。国家电网统筹境外融资平台的融资能力和境外融资需求，不断创新投融资策略，实现了低成本、低风险融资，为国际业务稳健发展提供了坚实的资金保障。

一是统筹集团融资结构，优势互补、资源共享。全面考虑国家电网总部和下属公司业务特性和风险偏好，统筹各层面融资结构，实现资信共享、资源共通、优势互补。国家电网总部向下属公司提供资信支持，下属公司通过监管资产的稳健回报特性和合理融资结构保障其稳定的现金流回报，支撑总部优化融资策略，在保障境外公司经营平稳前提下提升国际业务融资竞争力。

二是坚守信用评级底线，抓住窗口力争优化。优质信用评级对维持境外投融资优势及盈利能力至关重要。国家电网确保维持合理的资本结构及关键债务指标稳健，以维护总部及下属公司信用评级。在符合整体风险管理原则和融资结构的前提下，研究趋势，专业操作，通过债务置换、债务重组、债务期限调整或配合利率汇率掉期等操作抓住市场窗口，实现锁定低成本融资、对冲外汇风险等成本优化和融资结构优化。

三是强化风险管理理念，尽量降低外汇敞口。公司稳健运营是国际业务经营发展的基石，坚持境外下属公司稳健的融资管理理念，在境外公司层面关闭汇率风险敞口，坚持中长期融资为主，匹配监管回报成本、降低风险。国家电网充分评估风险和收益，平衡汇率风险和业务拓展，通过融资匹配和资金回流尽量降低汇率风险敞口。

四是提高资本运作能力，拓展股权融资渠道。推进下属公司资产证券化，拓展股权融资渠道，引进股权资本支持业务发展，将股权融资作为融资方式重要组成部分。加强对境外上市公司市值管理，充分利用现有优质上市平台，提高融资能力和自我滚动发展能力，提高资本运作效益，实现资本增值和进退自如。

11.3 发行境外债券

近年来，国家电网抓住欧美资本市场利率较低的有利时机，在国际市场发行债券进行境外融资，发行利率较同期可比中央企业低 20 个基点以上，大幅低于国内债券市场利率，为国际业务提供了坚强资金保障。自 2013 年起，国网海外投资公司发行境外债券，并通过优先股的方式注资给国网国际发展公司，为境外投资并购提供了中长期资金保障。“十三五”期间，国家电网共发行 5 次境外债券，为国际业务提供融资余额 171 亿美元。国际债券的成功发行，确保了国际业务发展资金来自境外、用于境外，不从国内对境外项目出资，不占用国内建设资源，增强了资金保障能力，提升了境外项目持续稳定盈利能力。

案例 11-1

发行双币种海外债券，保障国际业务资金需求

2020 年 7 月 30 日，国家电网成功定价发行 14.5 亿美元和 16 亿欧元双币种境外债券，刷新了中资企业同期限债券历史最优基准利率、最低发行利率，欧元债券历史最大发行规模、最低信用息差等多项纪录。

此次发行的境外债券，分别为美元债券 5 年期 3 亿、利率为 1.138%，10 年期 11.5 亿、利率为 1.769%；欧元债券 6 年期 10 亿、利率为 0.797%，12 年期 6 亿、利率为 1.303%。债券发行采用“过桥贷款+公募债”多元组合的灵活融资策略，抢抓美国国债收益率处于历史低位和欧元中期掉期负利率时间窗口完成发行定价，四个年期债券均实现了近期资本市场罕见的 15 个基点以上“负溢价”发行。同期限债券发行成本均低于可比中央企业 20 个基点以上，有效筑牢中资企业息差最低且最为平滑的收益率曲线。国家电网定价后首个交易日，主要中资企业二级市场收益率均随之收窄，为中资企业后续外债发行奠定良好基础。

11.4 集中管理境外资金

随着国家电网国际业务的发展，境外资金分布呈现以下特点：一是境外业务类型多样，境外账户数目多、跨度广，但大额账户分布又具有相对集中性。其中账户主体集中在国网国际发展公司、中电装备公司、国网海外投资公司；资金存量主要集中在巴西和香港，合作银行集中在汇丰银行、桑坦德银行、巴西布拉德斯科银行、瑞穗银行、中国银行、中国工商银行，币种分布集中在雷亚尔、美元、港币、澳元和欧元。二是资金账户属地经济自由度存在较大差异，香港、澳大利亚、欧洲外汇管制环境较为宽松，菲律宾、巴西等发展中国家和地区存在外汇管制，而不同国家和地区的税收环境、金融市场、信息透明度等也存在较大差异。三是境外资金需求波动大，资金就地平衡易，跨公司、跨境平衡难度大。

针对境外资金管理面临的新形势，国家电网坚持“安全、集约、精益、高效”管理理念，统一集中管理境外资金，始终高度重视境外资金安全管理，持续提高资金安全、效率和效益水平。

一是强化境外项目融资保障。国家电网采取发行境外债券募集资金、用于投资境外资产的模式，有效保障了国际业务发展资金需求。2013 年首次境外发债以来，依托国家电网国家主权级信用评级资信优势，构建了一条中资企业息差最低且最为平滑的债券收益率曲线，成功将信用优势、资金优势转化为国际市场竞争优势、国际业务盈利优势。

二是统筹境外项目资金回流。国家电网利用当地监管政策，综合考虑合规性和经济性，统筹境外项目公司的分红回流。国家电网境外项目年现金分红占各项目公司净利润比例达 70%。

三是探索开展资金集中管理。国家电网根据投资项目所在地监管、税务、资金等政策，因地制宜指导境外单位加强资金集中管理，推动其拓宽融资渠道、高效管理资金，提高项目效益，提升信用评级。如巴西全资及控股公司定期将下属公司资金通过分红方式回流集中，结合当地项目需求，滚动用于绿地项目建设。

四是加强境外资金风险防控。国家电网持续加强对下属公司账户和货币资金管理，指导境外子企业建立严密有效的内控制度，加强境外资金结算业务流程控制，合理设定审批限额，严格执行“双签双控”，着力防范资金安全风险。国家电网建立境外资金监控平台，对境外全资、控股子公司及驻外办事处分布在全球多个国家和地区的境外银行账户进行常态化监控，对境外大额资金支付及时核实确认，实现了全球资金“可视化”管理。国家电网境外项目在历次监督检查中未发现资金安全问题。

12 外 事 管 理

随着参与和服务“一带一路”建设不断深入，国家电网国际业务发展持续取得重大成果，同时，涉外相关活动快速增加，因公出国（境）等管理的复杂性显著增强，面对新的形势变化，国家电网外事管理各项工作严格按照外交部、国务院国资委等要求，不断提升外事管理工作标准化、专业化、数字化，强化规章制度建设和工作流程管理，严格相关事项事前审批、事中监管、事后评价，成立专门的外事服务公司，建设完善的外事管理信息化系统，全力提高管理服务水平，支持国家电网国际化高质量发展。

12.1 外事管理标准化

在规章制度层面，国家电网建立了国际合作工作管理规章制度体系，共有外事管理规章制度和规范性文件 28 项，对国际业务、因公出国（境）管理、驻外机构、国际组织与会议、证照管理、邀请来华等外事管理各方面实现 100%全覆盖。这些规章制度充分体现了通用性，国家电网各二级单位直接参照使用，不必再制定细则，保证了管理标准和尺度的统一。

在业务流程方面，国家电网国际工作部将各项外事管理工作制作了流程图，流程嵌入信息管理系统，全系统因公出国（境）、邀请来华等工作均严格按照流程进行流转。国家电网先后编制了《外事服务全业务流程说明》等制度，对因公出国（境）各项业务提供了准确的操作指导和说明，对涉及的团组信息、人员资料、出访信息等 17 大项、100 多个信息点进行了说明和规范，确保符合外事要求。国家电网各单位外事管理部门也按照相关规章制度要求，建立了内部工作流程规范。

在外事管理方面，最重要的一项工作是因公出国（境）管理。在审批阶段，由国家电网根据发展战略统一安排出国任务，或下属单位按照业务和交流需求提出出国任务请示，由总部按照员工管理权限进行审批，并要求团组严格按照审批的在外时间开展工作。在外执行任务期间，由团长对团组工作全面负责，带领团员按照计划完成各项出国任务。团组回国后，须填写出访情况表，在一个月内提交出访报告，全面梳理总结出访情况，形成对此次出访任务的闭环管理。

在外事工作经费使用方面，国家电网高度重视，并严格按照财政部、外交部、国务院国资委等部委的文件要求，制定了《因公出国（境）经费管理办法》《外事接待经费管理办法》，对各项费用标准、使用方法、流程规范作出详细规定，并要求每个团组、每笔费用在使用前做好预算，经审核后方可支出使用。在外事工作经费使用方面，国家电网从未发生问题。

12.2 管理服务专业化

国家电网国际工作部作为外事管理部门，负责制定、解释并监督执行相关规章制度。国际工作部员工根据业务职责分工开展工作，同时承担本业务范围内的外事管理工作，这样既可以保持统一的外事管理标准，又能充分顾及各业务领域的特点，使得整个外事管理专业、高效。为了更好地服务外事工作，国家电网成立外事服务公司，专门办理系统员工公务护照、通行证、签证、签注等业务。国家电网各二级单位都设有外事处和外事专责，专门负责外事管理相关工作。国家电网不定期通过线上或线下方式开展外事管理培训交流，邀请外交部专家为从事外事管理相关工作的员工解读国际形势和外事管理要求，打造了一支专业素质高的外事管理人员队伍。

国家电网严格落实中央八项规定精神和实施细则，按照外交部要求和相关规章制度，严格因公出国（境）审批，严禁一般考察类出访，严控因公出国（境）团组和费用支出，厉行节约、反对浪费，未发生违规违纪现象。

2020 年新冠肺炎疫情全球蔓延，国际工作部和外事服务公司与外交部领事服务中心和各国驻华使馆保持密切联系，咨询了解各国办签特殊途径，及时更新各国办签政策，并定期在外事专责工作群中发布，同时把最新的签证要求放在国际合作管理系统和手机端上，方便因公出国（境）人员查询。

12.3 工作过程数字化

为落实“放管服”管理要求，提升工作效率，国家电网建立了国际合作管理系统，该系统集外事管理、国际业务等于一体，由国家电网统一建设部署维护。该系统于 2008 年正式上线运行，截至 2020 年年底，已建成出国管理、国际交流、综合管理、国际信息知识库、预算管理、综合计划、查询统计等模块，覆盖了国际合作的主要日常工作。国际合作管理系统与协同办公系统集成贯通，实现在公司内网和手机端应用，使因公出国（境）报送和审批完全具备了无纸化、移动化办理条件，有效简化了因公出国（境）管理及护签办理手续，减轻了基层负担。

因公出国（境）团组管理涉及政审资料、护照签证、生物信息采集等，需要收集大量员工个人信息。而寄送纸质材料，费时费力，且不易保存和查询，国家电网通过信息系统建设，建立了因公出国（境）业务信息库，在确保信息安全的前提下，将系统内员工的证件信息、照片和指纹等个人数据导入信息库，对政审材料、任务审批和证明材料等纸质材料进行数字化处理，有效提高了查询的效率和质量，降低了重复录入工作。系统还集成了国家电网境外项目的信息，以及国际板块单位的预算和综合计划管理，全面掌握国际业务情况，为经营决策提供支撑。

第三部分

展望篇

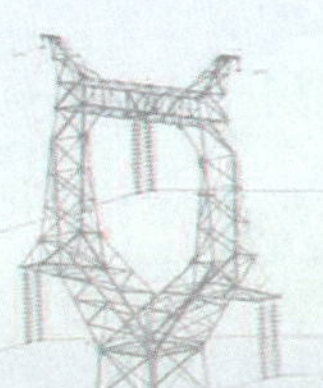

当前，国际投资与能源电力发展都进入新阶段。从国际投资来看，新冠肺炎疫情重创国际投资，2020 年全球跨国直接投资大幅下降 42%，但跨境并购总投资额下降并不显著，公用事业的投资额更是迅猛上升，全球公用事业领域的资源整合仍在持续进行。从能源电力投资来看，能源生产消费的重心正转向新兴经济体，可再生能源在一次能源消费中占比和终端电气化率持续提升，一系列能源科技及新业态迅速发展。

在新形势下，国家电网将践行新发展理念，把助力新发展格局构建、服务“一带一路”建设、引领电网低碳清洁转型、支撑国家战略落地实施等目标摆在更高位置。中央鼓励国有企业国际化发展、“一带一路”建设促进市场潜力释放、国际市场新投资并购机会显现等外部形势为国家电网加快国际化发展带来一系列机遇，同时也存在中美经贸斗争、贸易投资保护主义及新冠肺炎疫情等系列挑战。内外形势复杂，国家电网更应把握机遇、积极应对挑战、开拓出一条国际化高质量发展之路。

面对服务党和国家工作大局、支撑新发展格局构建、引领全球能源合作、带动全球能源转型等新使命，国家电网目标到 2025 年年底，在国际业务拓展、全球资源配置能力、风险防范能力、国际影响力等方面取得新突破，实现国际业务资产质量、运营管理、绿地开拓、技术装备、业绩指标 5 个国际领先，成为“一带一路”建设中央企业标杆。

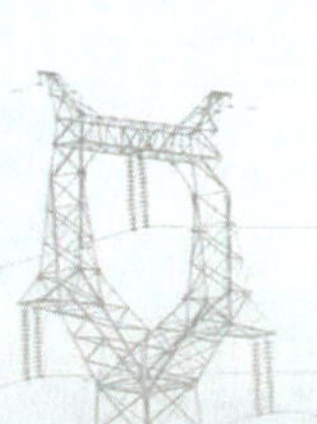

13 国际化发展新形势

国家电网的国际化发展正面临一系列机遇与挑战。随着“一带一路”建设的深入推进，以及新冠肺炎疫情过后各国经济复苏产生的需求，将为国家电网国际业务发展带来机遇。但针对中国企业特别是国有企业的歧视逐年加剧，加之疫情助长逆全球化思潮，同样对国家电网国际化发展形成挑战。国家电网要充分把握国际化机遇，合理应对各项挑战，实现更高质量发展，有力服务国家战略。

13.1 立足新发展阶段

从外部看，我国进入“两个一百年”奋斗目标交汇期，世界迎来百年未有之大变局，国际形势错综复杂；从公司发展形势看，国家电网进入全面落实“一体四翼”（电网业务是主体，金融业务、国际业务、支撑业务、战略性新兴产业是“四翼”）发展布局关键时期；从国际投资形势看，新冠肺炎疫情使国际投资发展出现大幅波动；从能源电力发展形势看，能源生产消费结构、布局、业态正经历重大变化。综上所述，国家电网正面临新发展阶段的复杂局面，机遇与挑战并存。

13.1.1 国内外形势发展

1 我国进入“两个一百年”奋斗目标交汇期

2021 年是中国共产党成立 100 周年，也是“两个一百年”奋斗目标的历史交汇点，全国各族人民正向第二个百年奋斗目标奋勇进军。党的十九届五中全会通过《中共中央关于制定国民经济和社会发展第十四个五年规划和二〇三五年远景目标的建议》，为未来 5 年及 15 年我国经济社会发展擘画了宏伟蓝图，制定了行动纲领。进入新发展阶段，我国面临着更加严峻复杂的国际形势和艰巨繁重的改革发展稳定任务，作为能源电力行业的骨干中央企业，国家电网将深入贯彻新发展理念，有力支撑构建新发展格局，推动高质量发展，确保全面建设社会主义现代化国家开好局、起好步。构建以国内大循环为主体、国内国际双循环相互促进的新发展格局过程需要国家电网国际业务充分发挥优势，服务好国家高水平对外开放、共建“一带一路”高质量发展大局，不断提升对国家电网效益的贡献度，支持国家电网持续做优做大做强、提升对经济社会发展的服务能力。

2 世界迎来百年未有之大变局

当今世界正处于百年未有之大变局，国际格局和国际体系发生深刻调整，全球治理体系发生深刻变革，国际力量对比发生近代以来最具革命性的变化。从经济发展态势来看，世界经济重心正在加快“自西向东”转移，新一轮科技革命和产业变革正在重塑世界；从全球治理体系来看，新兴市场国家和发展中国家国际影响力不断增强，国际力量对比更趋均衡，全球治理的话语权越来越向发展中国家倾斜，全球治理体系越来越向着更加公正合理的方向发展。我国提升国际地位、重塑国际治理体系的努力正进入关键阶段。在这一阶段，国际形势复杂多变，不稳定因素明显增多，我国在对外经贸关系中争取话语权和主导权的努力也存在不少困难和挑战。国家电网将积极主动参与全球能源治理，主导制定国际标准，成为国际能源电力领域国际标准的关键参与者和重要领导者；拓宽交流渠道，提升国际交流合作层次，增强软实力和话语权，把人类命运共同体理念贯彻落实到国际业务开拓中，树立国际领先的企业形象，通过参与国际能源治理体系的重塑进程为全球治理体系积极变革贡献力量。

3 向世界一流企业进军

中央始终高度重视国有企业的改革和发展，习近平总书记在党的十九大报告中对深化国有企业改革、培育具有全球竞争力的世界一流企业作出重要部署，赋予新时代中国企业新定位。党的十九届四中全会报告对国有企业提升管理能力和水平提出了更高要求。国际化发展是打造具有全球竞争力的世界一流企业的必由之路，国家电网作为大型国有骨干企业，将持续提升利用“两个市场、两种资源”的能力，通过全球化布局实现长期可持续发展。国家电网被国务院国资委选为创建世界一流示范企业，开展对标世界一流企业专项行动，对国际化发展提出了更高的要求。与知名跨国能源企业相比，国家电网国际化发展模式还需要进一步创新，国际化水平还需要再上新台阶。国家电网将以“一带一路”建设为核心，加快国际化发展，率先打造具有全球竞争力的世界一流示范企业。

13.1.2 国际投资发展

1 新冠疫情重创国际投资

2020 年全球跨国直接投资延续跌势，大幅下降 42%至 8590 亿美元，较 2009 年全球金融危机后的低谷时期还低 30%。从区域来看，外国直接投资下降主要集中在发达经济体，其中流入欧洲的跨国直接投资几乎完全停滞，达到–40 亿欧元（包括多个国家出现巨额的负流入）；同时，流入美国的跨国直接投资也大幅下降 49%。而流入发展中经济体的跨国直接投资受影响较小。流入发展中经济体跨国直接投资的下降幅度并不均衡，拉丁美洲下降了 37%，主要原因是该地区与石油相关行业的投资和市场导向型投资急剧下降；非洲地区下降 18%，原因是疫情对该地区外国直接投资的负面影响因商品价格低和需求低而被放大；亚洲发展中国家下降了 4%，其中东亚是最大的东道国区域，占 2020 年全球外国直接投资总份额的三分之一；转型经济体的外国直接投资降幅显著，锐减 77%。随着全球经济复苏，国际投资有可能出现一定幅度反弹，但疫情局部反复仍可能对全球投资造成不利影响，同时也对境外投资形成挑战。

2 绿地投资下降幅度快于跨境并购

从投资方式及投资领域来看，2020 年跨境并购总投资额降至 4560 亿美元，下降 10%，而绿地投资总投资额则下降至 5470 亿美元，下降 35%。跨境并购总投资额的下降幅度低于绿地投资总投资额，由此可见疫情冲击下各国企业仍在推动资源整合。

在跨境并购部分，第一产业中，采掘业的跨境并购规模下降了 52%；制造业和服务业分别下降了 8%和 6%。也有部分行业逆市上涨，行业食品和数字行业的并购规模增长了两倍多。医药行业的并购规模虽下降了 43%，但是并购交易数量达到 206 宗，这是该行业有史以来的最高纪录。公用事业的跨境并购规模也经历迅猛上涨，总投资额增长了 172%。

在绿地投资部分，资源型行业已公布新建项目总价值急剧下降，焦炭和石油炼化行业绿地投资额下降了 70%，制造业绿地投资额下降了 44%，服务业绿地投资额下降了 26%；信息通信业是少数正增长的行业，并且仍然是绿地项目数量最多的行业，投资额同比增长 18%，达到 780 亿美元。疫情过后，全球电力行业绿地投资需求将可能出现较大幅度恢复性增长，有利于国家电网开展境外投资建设。

13.1.3 能源电力发展

1 能源消费增长转向新兴经济体

20 世纪 90 年代以来，受世界政治经济格局震荡影响，全球能源需求增速处于高频振动阶段。英国石油公司能源消费统计数据显示，2015—2020 年全球能源消费维持低速增长态势。中长期来看，随着世界经济回暖、能效水平不断提高、新一轮工业化和城市化进程持续推进，预计全球能源需求将维持 2%左右的低速增长态势。

随着产业转移、经济结构调整和节能减排，欧洲、美国、日本等发达经济体的能源消费强度连年下降，消费总量基本稳定。新兴经济体成为全球能源消费增长最快和增幅最大的区域，亚太地区发展中国家能源消费增速高于发达国家，能源消费重心明显东移，世界能源消费格局已经从发达国家主导转变为发达国家与发展中国家共同主导。未来能源消费增量贡献将主要来自新兴经济体。据国际能源署预测，2040 年非经济合作与发展组织国家能源消费总量将比 2012 年增长 59.7%，能源消费增量占世界的 90%以上，占世界能源消费比重提高至 74%；中国和印度两国将是能源消费增长最快的地区。随着能源消费重心的移动，发展中国家的电力投资需求将以更快速度扩张，为国家电网提供了良好的投资机会。

2 可再生能源在一次能源消费中占比提升

近年来，各国发展过程中所面临的环境压力急剧加大，各国大力提升能源消费中非化石能源占比，核能、水能、风能、太阳能等可再生能源利用快速提升，世界一次能源消费结构逐步开始向低碳、无碳演变。英国石油公司能源统计数据表明，2020 年，核电、水电和新能源发电分别占 5%、3%和 12%。2012 年以来年均新增可再生能源消费占全球一次能源消费增量比重维持在 22.4%高位。具体分品种来看，全球非化石能源消费中非水可再生能源消费占比攀升、水能消费长期较为稳定、核能发展进入下行通道的态势。随着可再生能源发展，未来全球传统非化石能源占比将持续走低。传统化石能源消费处境不尽相同，石油新增占比逐渐萎缩，天然气需求进入快车道，煤炭消费呈缓慢抬头之势。随着可再生能源大规模接入，各国电力系统都在经历前所未有的转型，投资需求进一步多元化。国家电网有机会利用在国内新型电力系统建设中的经验深度参与全球能源转型和电力系统变革。

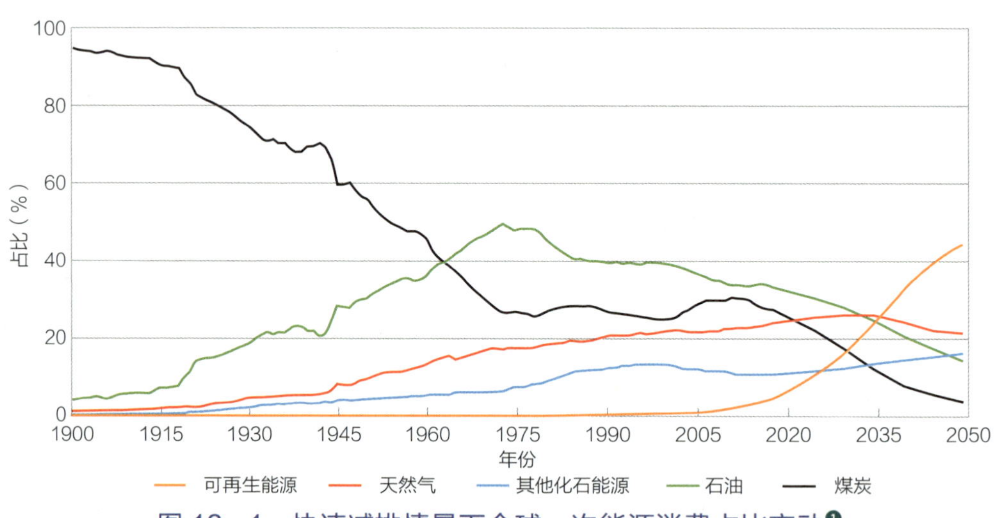

图 13－1　快速减排情景下全球一次能源消费占比变动[1]

3 终端电气化率提升

随着全球可再生能源快速发展，世界各国能源消费将逐渐走向清洁化道路。近四十年来，世界各国电气化率不断上升。发达国家电气化率从平均 10%上升到 20%

[1] 资料来源：国际能源署全球能源展望 2020。

以上。未来随着中国、印度等新兴经济体能源需求增长，将带动世界电气化率进一步提升。电力行业的转型过程中逐渐打破传统能源生产、运输和储存方式的约束，为新的参与者创造全新的能源商业模式，成为未来能源政策制定的核心。随着社会终端能源中电力需求不断攀升、可再生能源投资维持高位、能源消费清洁化导向等因素叠加，全球电气化率不断攀升。国际能源署数据显示 2019 年全球电气化率已经提高到 19%，相较于 21 世纪初提升了 4 个百分点，未来 20 年年均电力需求增长率将达到 2.1%，世界电气化率将于 2040 年达到 27%左右。全球电力需求的持续增长对国家电网境外投资形成长期利好。

4 能源科技及新业态迅速发展

一是储能技术趋于成熟。储能技术的发展可提高间歇性可再生能源的使用率。当前储电成本持续下降，已进入规模化“迭代”周期，2017—2020 年，电化学储能规模已扩大三倍，已达 60 万千瓦。**二是智能电网成为抢占未来产业制高点的重要手段。**根据美国洛基山研究所《重塑能源（美国）》中所述，到 2050 年，智能电力体系将基本建立。通过发展智能电动汽车、智能电网、智能建筑，并通过柔性输电技术和储能设备将太阳能发电和风力发电等“间隙性”能源有效连接，可以增强电网系统稳定性、安全性。**三是氢能快速发展。**随着全球能源消费向低碳化转型的进程加快，氢能逐步成为国内外能源及相关行业关注的焦点。据国际氢能委员会预计，到 2050 年氢能可以满足全球能源总需求的 18%，氢能市场规模将超过 2.5 万亿美元。**四是新能源汽车登上历史舞台。**电动汽车的发展进入快车道。随着储能、智能电网和包括氢能在内的新技术突破和涌现，未来交通领域的电气化进程将进一步提速。能源新科技、新模式的迸发将开辟若干条“新赛道”，客观要求国家电网在更广泛的领域积极参与国际竞争。

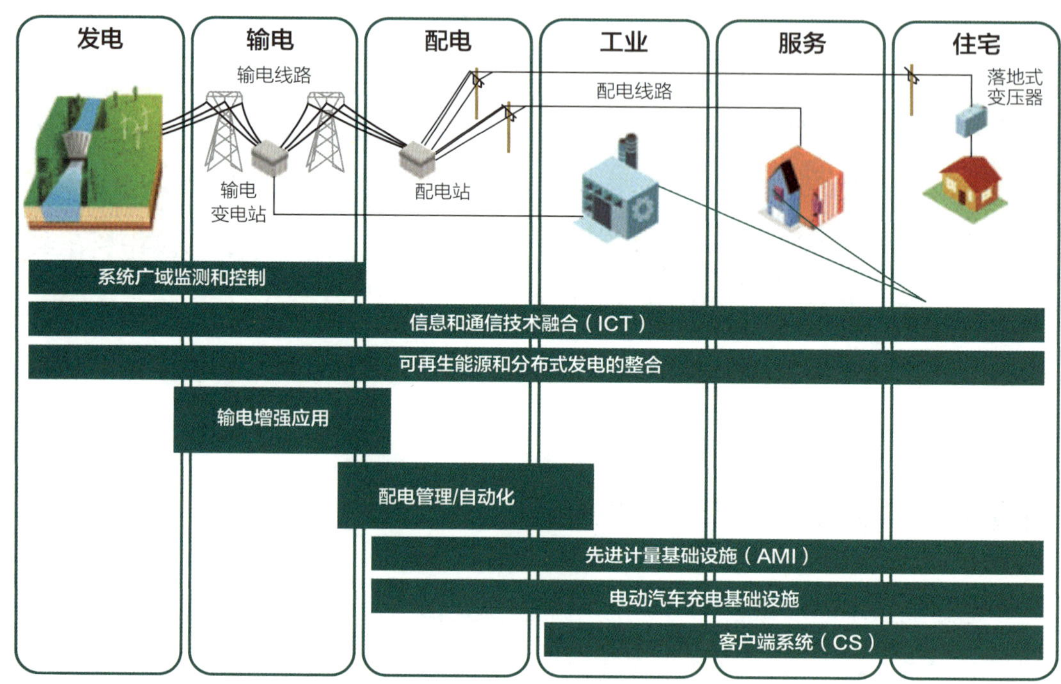

图 13–2　电力系统中智能电网技术

5 能源安全面临挑战

二十世纪中后期，世界能源政治格局逐步转变为石油输出国组织、俄罗斯两大出口方和国际能源署、发展中大国两大进口方四股力量相互博弈的局面。未来世界能源政治力量将加速多极化发展趋势。近年来，全球贸易格局发生较大转变，面对不断增大的贸易赤字，以美国为首的发达国家正把目光瞄向发展中国家，以提升关税、限制进口等方式进行贸易保护，从而引致世界经济逆全球化发展。

在英国石油能源展望构建的逆全球化情景中，相对于渐进型情景世界 GDP 水平下降 6%，能源需求下降 4%，这些下降主要集中在贸易依存度较高的国家和地区。相对渐进型情景，逆全球化情景下美国油气出口下降 2/3，中国油气进口减少 12%。逆全球化将给未来世界能源发展前景带来较大不确定性因素。

13.2 贯彻新发展理念

新发展理念深刻揭示了实现更高质量、更有效率、更加公平、更可持续发展的必由之路，体现了我们党对经济社会发展规律的认识进入新的层次，对解决世界经济的重大问题也具有重要指导意义。新阶段下国家电网公司实现境外高质量发展，将以新发展理念作为战略指南，进一步提升国际业务发展质量。

13.2.1 创新发展

创新是历史进步的动力、时代发展的关键，是发展全局的核心和动力。现代的国际竞争从根本来说就是创新能力的竞争。当前，世界范围的新一轮科技革命和产业变革蓄势待发，随着信息技术、新材料技术、新能源技术等一批先进技术地广泛渗透，能源领域产品、商业模式和业态将受到深刻的影响，并产生出许多新的产业领域。各大国都在积极强化创新部署，纷纷出台新的创新战略和政策，加强对人才、专利、标准等战略性资源的争夺，抓紧布局能源新兴技术，培育新兴产业。我国创新力量相对不足，赶超创新大国的难度不小，但新的能源技术革命和能源产业变革也给后发国家提供了“弯道超车”的机会。对于我国来说，科技和经济实力有了大幅度提升，已经具备抓住新一轮能源产业变革机遇的条件。国家电网作为中央企业，是我国能源电力产业的领头羊，也是我国参与能源技术创新国际竞争的主要骨干力量之一。国家电网责无旁贷，国家电网肩负着“大国重器”的使命担当，将乘势而上，加速推进能源技术自立自强，赶超国际先进水平，并积极争取引领国际能源电力科技创新趋势。

13.2.2 协调发展

我国幅员辽阔、国情复杂，地区间经济社会发展不平衡不协调的问题较为突出，特别是革命老区、民族地区、边疆地区基础设施和公共服务设施依然较为薄弱。近年来，随着一系列重大区域战略稳步推进，东西南北纵横联动发展的新格局正在形成，区域间发展不平衡的问题逐步缓解。我国经济已由高速增长阶段转向高质量发展阶段，构建完善国内大循环，区域经济发展必须激发人口、资源等各类生产要素蕴藏的巨大潜能，增强发展的内生动力，促进以国内循环为主体、国内国际双循环相互促进的高质量新发展格局。能源转型对推动区域协调发展至关重要，保障区域能源供应安全、保护区域生态环境、培育新经济增长点、促进经济社会治理体系现代化均需要推动能源转型。作为投资建设运营电网基础设施的大型国有骨干企业，国家电网要在促进区域协调发展中当好电力“先行官”，通过基础设施、先进技术等领域的广泛国际合作推动各区域能源电力的清洁化、智能化、市场化转型，促进区域能源供应安全水平不断提升，为区域协调发展助力。

13.2.3 绿色发展

绿色发展理念是与当今时代发展特征相契合，将生态文明建设融入经济、政治、文化、社会建设各方面和全过程的全新发展理念。当前，世界各国经济社会发展普遍面临资源环境承载力的限制，实现节能减排、促进绿色发展成为各国共同选择。近年来，各国纷纷提出“碳达峰、碳中和”目标，力图依托清洁能源技术和现代信息通信技术实现多元化清洁能源供应体系的构建，推进电气化和能源消费的节能提效，最终实现能源系统这一资源消耗和污染排放重点领域的绿色转型。作为能源流动枢纽和转换枢纽，电网在全社会低碳绿色转型的过程中发挥关键作用。国家电网作为负责任的大型中央企业，作为社会节能减排的先锋与表率，立足国情和企情，围绕国家工作大局，必须努力践行绿色发展理念，坚持走绿色发展道路，努力推进自身、产业和社会的绿色发展。国家电网国际业务将在能源电力行业的历史性变革背景下提升国际竞争力，发挥主业经验和技术优势，通过促进各国能源电力系统的低碳转型有力支撑各国减碳进程。

13.2.4　开放发展

扩大开放是推动高质量发展的必由之路。我国加快构建更高水平开放型经济新体制，推动形成全面开放新格局，坚定不移奉行互利共赢的开放战略。在经济全球化倒退、全球产业链供应链收缩、国际贸易投资持续减速的背景下，我国开放跨入新阶段，既从世界汲取发展动力，也让中国发展更好惠及世界。党和国家要求国有企业要成为促进开放型发展，促进“走出去”和“一带一路”建设的重要力量。近年来，国家电网为“一带一路”建设开展大量工作，境外绿地和投资项目取得重大成果，国际化发展积累了深厚基础。当前复杂的国际形势，要求国家电网展现中国企业的强大实力和良好形象，稳健运作，积极拓展境外绿地项目和投资项目，作为国际能源电力合作与“一带一路”建设的先锋；同时也要求国家电网持续加强风险管理能力，最大限度地控制美国制裁风险及“一带一路”沿线政治经济风险，实现国际业务稳妥可持续发展，成为国家电网“一体四翼”发展布局中的坚强一翼。

13.2.5　共享发展

在全球单边主义、保护主义、民粹主义逐渐蔓延发酵，国际多边秩序遭到严重挑战的复杂局面下，共享发展是对“冷战”思维和“零和”博弈给予的积极而理性的正面应答，为人类进步和共同繁荣、为构建新型国际关系和国际秩序革新完善提供了新的话语体系和路径选择。在这一进程中，国家电网要聚焦“一带一路”积极稳妥“走出去”，在建设人类命运共同体、促进各国共享发展成果的过程中展现“大国重器”的综合价值。国家电网要以电网互联互通促进设施联通、以境外基础设施投资运营促进资金融通、以国际产能合作促进贸易畅通、以规划对接和标准相同促进政策沟通、以履行社会责任促进民心相通，向世界推广国家电网在输变电领域的领先技术和丰富经验，增进各国同行和客户对国家电网的价值认同、文化认同、情感认同，扩大国家电网全球品牌影响力，服务构建人类命运共同体。

13.3 服务新发展格局

中央提出构建以国内大循环为主体、国内国际双循环相互促进的新发展格局，是应对国内外新形势的重要战略部署。为现代化产业链供应链“赋能”，推动两个循环高质量发展是新发展格局下国家电网公司的重要责任。

13.3.1 培育国际合作竞争新优势

21 世纪以来，改革开放和全球化的红利充分释放，有效支撑了中国经济发展。但近年来，国际经济大循环动能弱化，西方主要国家民粹主义盛行、贸易保护主义抬头，经济全球化遭遇逆流。新冠肺炎疫情影响广泛深远，逆全球化趋势更加明显，一些国家对我国实施技术制裁，使全球产业链、供应链面临重大冲击，国际循环受到前所未有的冲击和挑战。面对复杂多变的国际形势，国家电网在构建双循环新发展格局、稳定国际大循环的过程中必须发挥顶梁柱的作用。

国家电网将通过促进基础设施互联互通、推动国际产能合作、开展能源电力技术合作等多种方式持续深入推进国际合作，打造更加强健稳固的能源电力产业国际循环，不断增强能源电力国际循环对各种困难和风险的抵抗力，培育国际合作与竞争新优势，服务双循环新发展格局。

13.3.2 巩固电力产业链安全性

20 世纪后期以来，随着国际分工深化，由无数条产业链、价值链编织成的全球投资贸易网络逐步成型，围绕产业链主导权的竞争成为国际经济竞争的重要内容。近年来美国在贸易、投资、金融、技术等领域积极推动中美“脱钩”，长期以来形成的全球产业链分工架构正逐步瓦解。中美两国原有的沿同一链条分工、利益相互依赖的格局可能转化为主导各自链条、利益相互冲突的格局，两国对产业主导权的竞争将更为激烈。

我国在全球产业链的传统格局中处于技术含量、附加值偏低的环节，但近年来已经展现出沿链爬升的稳定态势，产业链的剧烈振荡既有分化又有挑战。在全球产业链大规模分化重组的新时期，我国必须乘势而上提升对产业链供应链的掌控力，争取切入产业链“高地”。国有企业作为国民经济的压舱石，肩负着补链、扩链、强链，填补国际产业链高端空白的重要职责。国家电网将通过境外项目运作、国际产能合作等方式努力提升在全球能源电力产业链中的影响力，深化国际交流与技术合作，大力提升自身在国际标准制定中的话语权，以强大综合实力服务能源电力行业双循环新发展格局。

13.4 应对新时期挑战

新时期国家电网国际化经营最主要的长期挑战是部分发达国家的制裁打压及全球范围内的逆全球化政策倾向，最主要的短期挑战则是新冠肺炎疫情在全球范围的蔓延和反弹。

13.4.1 中美经贸斗争是影响国际化发展的重要外部变量

中美两国在贸易、金融、科技、资源、地缘政治等领域的持续对抗难以避免。美国加大了对中国科技企业的打压力度，加强了对中资企业在美国的贸易和投资审核。同时，美国对西方国家频频施压，要求在中国问题上“选边站”，与美国立场保持一致，给中国企业国际项目的拓展带来了困难。受美国“长臂管辖”的影响，中国电力企业在发达国家的投资并购活动将面临不利的政治环境。

13.4.2 保护主义和单边主义为国际化发展造成困难

欧美发达国家对于能源电力等产业领域的外资收购行为加强审查与干预，限制外国企业的投资收购，并通常以定义模糊的国家安全为由拒绝交易。且审查形式也更加复杂，欧盟层面实行双重审查，北美也有跨国联合审查的案例。随着审查力度加强，审查时限延长，可能导致企业投资成本增加，甚至被迫退出交易。

13.4.3 新冠肺炎疫情对全球化进程产生深远影响

当前，为控制新冠疫情所采取的隔离措施使得国际贸易和投资活动出现停滞，导致全球经济需求和供给的同步收缩。如果疫情持续蔓延，将严重影响国际贸易环境和投资增长，打破现行全球产业链的正常运转，破坏全球化发展的基础。与此同时，全球主要国家在疫情期间缺乏互信，也导致了各国进一步考虑提高产业链安全和国家安全，加剧了产业链内部化倾向。

13.5 把握新时代机遇

习近平主席在第 75 届联合国大会上，向国际社会作出“碳达峰、碳中和”的郑重承诺，体现了中国坚定走绿色低碳发展之路的信心和决心，彰显了强烈的人类命运共同体意识和中国负责任大国的责任担当。2021 年 3 月，习近平主席提出构建以新能源为主体的新型电力系统，为中国电力系统转型升级指明了方向，也为全球电力可持续发展提供了中国智慧、中国方案。随着绿色“一带一路”建设深入推进和全球能源清洁低碳转型不断加快，国家电网国际业务也迎来新的发展机遇期。

13.5.1 各国加大力度促进经济绿色复苏

为对冲新冠肺炎疫情带来的不利影响，世界主要经济体均制订了规模宏大的经济复苏计划。2020 年 4 月，欧盟委员会公布“下一代欧盟”复兴计划，在 5 年内筹集大约 8000 亿欧元，用于促进疫情后欧盟各国的经济复苏，加快绿色转型和数字转型，提升应对危机的韧性。自新冠肺炎疫情暴发以来，美国政府通过的财政刺激计划总额已经高达 5.2 万亿美元，相当于美国 2020 年名义 GDP 总量的 25%，创历史之最。印度推出 20 万亿卢比的经济复苏方案，并计划推行名为“自力更生”的全面改革。

各国加大力度促进经济复苏，将为国家电网扩大境外投资提供有利机遇。为刺激经济复苏，各国货币当局普遍采取宽松货币政策，利率低位运行，这将降低投资并购的融资成本。同时，发展中国家出于拉动经济、促进就业的需求，将对外国投资特别是绿地项目投资持更为积极主动的态度，扩大开放规模，各类基础设施项目有望迎来快速发展的时期。国家电网将把握机遇，适时扩张境外经营版图，发挥技术、管理、资金等优势支撑各国经济反弹，深度融入全球经济复苏进程。

13.5.2 能源转型带来投资需求

据彭博新能源财经估计，到 2050 年，全球电网投资至少需要新增 14 万亿美元，以满足电力系统转型的需求。风力发电和太阳能光伏发电大幅增长给电网带来了压力，全球各国都需要进行大规模电网投资，以免使电网成为电力系统转型的瓶颈。全球范围内将新增 310 万千米高压输电线路，对提高系统可靠性及优质可再生能源电力地输送意义重大。新建电源将向小规模、分布化发展，更靠近电力用户，配电网投资潜力巨大。而对电网数字化的投资有利于提高电网效率和可靠性，降低运营成本。交通、供暖的电气化也将拉动电网投资。

全球能源清洁绿色转型带动电网投资大幅度扩张，带来巨大投资需求，为国家电网国际化经营提供了广阔空间。国家电网在清洁能源并网、大电网运行控制等关键领域经验丰富，有能力为各国清洁能源大规模开发利用、电力系统全面转型提供强大支撑。

13.5.3 中国电力企业发展优势明显

在电力基础设施建设方面优势明显。2020 年年底全国发电装机容量 22 亿千瓦，全社会用电量 7.5 万亿千瓦时，均居世界第一。风电（装机容量 2.8 亿千瓦）、太阳能发电（装机容量 2.5 亿千瓦）等可再生能源发电装机容量也均为世界第一。2020 年中国新增装机容量 1.9 亿千瓦，超过法国全部装机容量（1.4 亿千瓦）。中国拥有世界上电压等级最高、覆盖范围最广、能源资源配置能力最强、并网新能源装机规模最大的电网，且电网安全水平世界领先。中国电力企业依托丰富经验，不断探索对外合作的方式，通过投资运营、电力工程总承包、电力设备输出等多种方式，不断扩大电力对外合作规模、扩充合作区域、扩宽合作领域。

在技术方面优势明显。国家电网是中国电力行业全方位竞争优势的重要承载者，拥有特高压、智能电网、新能源接入等方面领先技术，具有大电网建设和运行管理、境外投资建设运营等方面的丰富经验，形成了服务和参与“一带一路”建设的综合优势和核心竞争力。

在政策方面具有优势。我国为推动“一带一路”建设，建立了多种国际交流合作框架和平台，并在境外项目审批和监管、融资与保险、科技、标准等方面持续推出多种鼓励和支持政策，对国家电网境外经营形成有效支撑。

在人才方面优势明显。在国际市场“摸爬滚打”十几年至今，国家电网国际化发展积累了丰富的经验，也在此过程中培养锻炼了一批具有高度责任感和国际视野、深谙国际化经营管理之道、熟练掌握国际商务运作规则、成功推进国内外电力技术接轨的国际化人才队伍，成为国际业务高质量发展的重要支撑力量。

14 国际化发展展望

展望未来，国家电网将以习近平新时代中国特色社会主义思想为指导，深入贯彻“四个革命、一个合作”能源安全新战略，全方位加强国际能源合作，践行中央企业“六个力量”，提升对国家重要战略的“服务力”、在国际市场的“竞争力”、对国际业务风险的“控制力”及品牌的国际“影响力”，深入推进公司国际化高质量发展，奋力创建具有中国特色国际领先的能源互联网企业。

14.1 新使命

一是更好服务党和国家工作大局。国家电网作为全球最大的电力企业及关系国计民生的重要基础设施骨干中央企业，肩负着重大的政治责任、经济责任和社会责任，把服务党和国家工作大局作为工作的根本遵循和检验工作成效的标尺。国家电网将更加积极主动对接“一带一路”建设，围绕各项重点任务，大力实施国际拓展工程，推动“一带一路”重大项目的落地落实，增强境外项目开发运作能力，坚持中国理念、中国质量、中国速度，在每个项目中展现中国企业的实力、责任和担当，赢得项目所在国政府、合作伙伴和当地社会的信任；推动电网互联互通，以基础设施联通带动政策沟通、设施联通、贸易畅通、资金融通、民心相通；深化国际产能合作，促进中国技术和标准国际转化，增强我国在国际电工领域的影响力与话语权，在践行国家战略中展现“大国重器”的综合价值。

二是更好促进新发展格局构建。国有企业是中国特色社会主义的重要物质基础和政治基础，在加快构建以国内大循环为主体、国内国际双循环相互促进的新发展格局中，承担着战略支撑的使命。国家电网将统筹发挥管理、技术、资金、人才、品牌、全球网络等综合优势，充分利用国内国际两个市场、两种资源，优化全球资源配置；通过技术攻关和技术交流积极填补产业链高端空白，增强对产业链的掌控力，为打造稳定高效的能源电力产业链、价值链、供应链贡献力量；积极主动参与和融入全球治理，为新时代的全球能源治理贡献中国智慧，提供中国方案。

三是更好引领国际能源合作。主要经济体纷纷制定清洁能源发展规划，抢占新能源技术制高点，扩大市场份额。但由发达国家主导的现有全球能源治理结构，与国际能源市场的新变化、新格局出现不适应、不匹配，局限性逐渐凸显。参与引领全球能源合作是维护本国核心利益、保障能源安全、体现国家软实力和影响力的重要途径，作为运营全球最大电网的骨干的中央企业，国家电网将践行人类命运共同体理念，与各国企业和政府开展广泛合作，共同解决日益严峻的全球能源与气候变化问题，加快推进全球能源可持续发展新道路；充分利用大型国际会议、知名国际组织、中外高端对话、双多边合作机制等平台，深度参与国际交流活动、推动务实合作，宣传公司战略、发展理念和典型实践，发挥核心技术优势，积极参与国际标准制定和国际组织工作，不断提升在全球能源治理中的话语权和影响力；推进海外形象建设，塑造彰显国家形象和中央企业形象的亮丽名片，讲好“国网故事”，传播“国网声音”；立足市场化、本地化和长期化开发国际合作项目，与当地合作伙伴实现互利互惠、合作共赢，服务当地经济社会发展。

四是更好带动全球能源转型。近年来，化石能源大量使用带来环境、生态和全球气候变化等问题，能源低碳转型已经成为世界各国的自觉行动，以清洁能源技术作为关键支点的能源革命加速展开。传统集中、单向、生产者控制的能源系统正向着集中式与分布式并存、能源流双向复杂多变、主体双向互动的能源互联网转变，能源系统的清洁化、高效化、智慧化发展趋势显著。国家电网提出建设具有中国特色国际领先的能源互联网企业战略目标，在全球能源转型中发挥更加积极的引领带动作用。国家电网将进一步加快清洁能源和能源互联网关键技术突破，输出我国先进技术和先进标准，在全球能源低碳智能转型过程中占领技术高地；通过第三方合作等方式加强与国际先进能源电力同业企业的合作，引领能源转型；在境外探索电动汽车服务、综合能源服务、储能、能源大数据等能源互联网新业态。

五是更好支撑国家电网发展战略落地。从“中国特色”来看，要求国家电网坚持人类命运共同体理念，围绕服务“一带一路”建设，推进全产业链、全价值链“走出去”，向世界推广国家电网在输变电领域的领先技术和丰富经验，增进国家电网的价值认同、文化认同、情感认同，扩大全球品牌影响力，服务国家外交大局，彰显中国特色。从“国际领先的能源互联网企业”来看，要求国家电网加速发展国际业务，积极参与国际竞争，努力开拓国际市场，对标对表国际知名企业，扩大境外资产规模，提高境外资产运营水平，积极参与国际产能合作和国际能源电力合作，不断提升国际业务的贡献度，使国际业务成为助力国家电网创建国际领先能源互联网企业的重要力量。

14.2 新思路

国家电网认真贯彻落实党中央、国务院决策部署，深入贯彻“四个革命、一个合作”能源安全新战略，践行中央企业“六个力量”，以服务和推进“一带一路”建设为核心，积极推进投资、建设、运营带动技术、装备、标准“两个一体化走出去”，开展市场化、长期化、本土化经营，突出服务大局、突出效益贡献、突出风险防控、突出规范运营，打造“一带一路”建设中央企业标杆（“四突出一标杆”）。

四突出：突出服务大局，就是服务国家高水平对外开放大局，服务构建国内国际双循环相互促进的新发展格局，服务共建“一带一路”高质量发展，服务国家电网“一体四翼”总体发展布局，服务创建世界一流示范企业。突出效益贡献，就是境外项目坚持以效益为中心，坚持好中选优，坚守回报底线，精益运营境外资产，强化经营成果回收，持续提升利润贡献度。突出风险防控，就是全面排查境外项目面临的各类风险，制定完善的风险应对措施和预案，健全境外风险防控体系，强化国际业务风险防控。突出规范运营，就是严格遵守国内外法律和监管要求，加强境外项目集中管控和提级监管，规范重大事项决策和实施，确保境外项目依法合规和稳健运营。

一标杆：打造“一带一路”建设中央企业标杆。全力落实国家高水平对外开放战略部署，积极服务和参与“一带一路”建设，所有境外项目运营平稳、全部盈利，在中央企业国际化经营评价中名列前茅，实现资产质量、运营管理、绿地开拓、技术装备、业绩指标 5 个国际领先，将国际业务打造成“一体四翼”中的坚强“一翼”，成为中央企业“走出去”和“一带一路”建设的典范和标杆。

14.3 新目标

到 2025 年底，国家电网国际业务不断拓展，境外资产规模不断扩大；适应国际市场竞争的集团化运作机制不断强化，国际化运转体系更加协同高效；全球资源配置能力显著增强，风险防范能力持续提升；在国际能源治理中具有较强参与度和话语权，国际影响力不断增强，成为“一带一路”建设等国家重大战略实施的重要力量。

一是资产质量国际领先。积极开拓国际市场，新增一批国家和地区级骨干能源网投资项目，形成规模可观、安全可靠、协同互补、收益良好的境外能源电力基础设施资产组合，实现发达市场和新兴市场均衡布局。国家电网管理境外资产规模在国际电网企业同行业中占据领先地位。

二是运营管理国际领先。发挥国家电网集团化运作优势，稳健运营境外资产项目。统筹发挥各合作方的不同优势，在信用、技术、管理、人力、信息等方面向项目公司提供优质资源支持，鼓励项目公司积极拓展当地和第三国市场，推动境外资产高质量滚动发展，确保实现国有资产持续保值增值。

三是绿地开拓国际领先。创新国际产能合作模式，将国家电网集团化运作优势转化为参与境外电力绿地项目开发建设的核心竞争优势，带动上下游产业链、价值链“走出去”。强化工程项目建设管理、合规管理、风险管理等全过程管控体系建设，在更大范围内优化调配“人财物”资源，构建各专业协调高效的支撑保障和运行机制，促进工程总承包业务市场化、项目专业化、管理本土化，推动国家电网工程项目管理能力达到国际领先水平。

四是技术装备国际领先。加快能源互联网配套产品国际对标，着力打造一批具有国际先进水平、符合国际市场技术条件、具备权威国际认证的产品系列，抢占价值链高端和产业链高端，不断加大前瞻性技术研发及国际标准转化力度，实现先进技术、装备、标准一体化“走出去”，持续增强技术装备核心竞争力。

五是业绩指标国际领先。发挥国际业务“放管赋能”作用，推动国家电网国际化发展水平再上新台阶，境外管理资产规模、国际业务利润占比和国际品牌排名等均达到国际领先水平，更好服务国家电网建设具有中国特色国际领先的能源互联网企业战略目标。

14.4 新举措

14.4.1 扩大境外优质资产并购规模

抓住“一带一路”建设深入推进、国际能源电力清洁高效发展、疫情后经济复苏等机遇，聚焦主业，以监管类能源网资产为主要目标，进一步扩大境外资产规模，深入挖掘潜在境外投资并购机会。以安全、效益、风险控制为重点，充分挖掘境外资产增值创利潜力，持续提高境外资产运营水平，实现境外资产高质量发展。坚持依法合规经营管理，全面防范各类境外风险，保障境外资产持续安全运营，确保境外国有资产保值增值。

一是做好差异化投资策略制定。充分发挥国家电网驻外机构境外信息收集分析作用，密切关注国际能源电力行业发展趋势，拓宽投资并购项目信息收集渠道。深化对潜在投资目的地政治经济形势、外商投资法律法规、能源行业监管政策等重大问题的研究，采取有效措施提高风险防范能力。加强尽职调查，深入了解并购标的担保、未决诉讼、产权结构等重要信息，强化估值、报价论证和审核严谨性，防范投资风险。顺应全球对可持续发展与气候变化问题的关注，重点关注有利于提升可持续发展水平的项目。

二是深度挖掘投资新机遇。积极支持境外全资、控股和参股公司滚动发展，充分利用好在澳大利亚、巴西、希腊和智利等国家投资项目公司的本土品牌和资源优势，深度挖掘再投资并购项目机会，实现投资版图持续扩张。加强与各国伙伴的交流合作，统筹发挥各方优势，实现竞争力深度有机融合，争取在第三方市场合作和能源互联网新业态方面取得新突破。

三是持续提升境外融资能力。充分利用两个市场两种资源，发挥国家电网国家主权信用评级优势，开展境外低成本融资，支持国际业务拓展。积极主动加强与评级机构沟通交流，争取良好信用评级水平。通过信息披露、交易及非交易路演等多元形式，做大境外资本市场“朋友圈”，建立良好的市场生态助力境外投融资业务高质量发展。持续优化境外债券发行模式和发行策略，维护好债券收益率曲线。

四是深入开展境外“三化”经营。继续坚持“共商、共建、共享”和互惠互利、合作共赢原则，在境外开展“市场化、长期化、本土化”经营，积极主动参与境外项目公司治理，保障合法权益。完善董事会运作机制，发挥董事会在项目公司治理、经营决策中的关键作用，把方向、定大事、谋长远，为项目公司经营发展提供决策保障。深化与项目所在国政府部门、利益相关方的合作交流，搭建经营理念相同、文化情感认同、发展利益共同的合作关系。

五是稳步提升境外运营绩效。进一步发挥派驻境外项目公司管理团队作用，深度参与项目公司日常经营管理，实现管控目标。总结典型案例和成功经验实践，优化企业治理架构和经营管控模式，提高运转效率，持续提质增效。加强与项目公司交流合作，推动项目公司提升综合实力和发展质量，加强资源整合和资本运作能力建设，推动项目公司高质量发展。建立更加完善的投资业务后评价指标体系，强化项目投资和运营绩效管理，持续挖潜增效。

14.4.2 推进境外绿地项目开发

充分发挥国家电网技术、管理、融资、产业链等综合优势，强化境内外协同运作，形成国际竞争合力，共同开拓国际市场，积极构建横向协调、纵向支撑的境外绿地项目支撑保障体系。充分发挥驻外机构、科研机构的信息收集和研究能力，加大对“一带一路”沿线国家能源电力需求分析，做好潜在项目技术经济分析和实施方案研究。创新项目开发方式，积极采用“建设—经营—移交”（BOT）、“建设—移交”（BT）等灵活的商务模式，大力推进境外大型电力绿地项目开发。

一是选取优质项目。充分发挥现有境外项目的平台作用，高标准、严要求、优中选优，积极捕捉境外优质绿地项目机会，重点选择带动力强、国际影响力大的跨国跨地区输电项目。加强项目开发单位与系统内科研院所和产业集团等单位的沟通及协同，努力将国家电网技术领先、资信优良、建设能力强和运维经验丰富的优势转化为境外绿地项目开拓的胜势。推动投资、建设、运营和技术、标准、装备“两个一体化”发展，带动全产业链、全价值链协同“走出去”。

二是加强统筹协调。加强和完善集团化运作支持保障体系建设，横向协调、纵向支撑，助力境外绿地项目实施的全过程管理。加强国家电网各直属建设单位、科研院所和省公司对项目的业务支撑和专业支持，夯实市场化国际单位与省公司“结对子”合作模式，全面提升境外大型输变电工程项目建设运营的能力。强化工程项目现场安全和成本管控，提升高质高效履约能力。

三是提升项目全生命周期管理水平。针对绿地项目投资规模大、回收周期长等特点，做好前期法律、技术、财税等专项尽职调查和可研工作，加强项目技术经济分析。科学设计项目投融资方案，深入分析项目建设期和运营期潜在风险，做好风险应对预案，保证项目谈判、交易文件起草和签署工作的严谨性和规范性。高度重视项目工程建设期管理工作，加强成本控制，安全高质履约，确保运营维护期间投资成本和收益的回收。总结巴西美丽山水电 ±800 千伏特高压直流送出特许权项目和巴基斯坦默拉 ±600 千伏直流输电项目等境外重大工程成功经验，做好境外特高压直流、柔性直流输电工程技术、人才和项目管理资源积累。

14.4.3 持续深化国际产能合作

根据不同国家地区的能源电力发展需求和政策要求，发挥国家电网集团化优势，研究采用灵活多样的合作模式，不断开拓国际电力工程承包和装备输出项目，带动国内优势产能输出。提高工程项目的组织管理能力和风险管控能力。不断提升业务核心竞争力、盈利水平和服务保障水平，加快推动核心产品出口和本土化业务发展，打造国际电工电气领域的知名高端品牌。

一是创新国际电力工程业务模式。在风险可控的前提下，探索创新业务模式，积极利用国家政策性银行出口信贷优惠政策，尝试多元化投融资渠道，采取出口买方信贷或卖方信贷模式带动工程总承包。探索通过收购境外优质工程公司的方式，迅速提升业务拓展能力。在非洲、南美洲等地区研究建立区域业务中心，整合区域内资源，开展属地化开发管理。深入开展国别市场分析，努力把握市场机会。

二是围绕主业拓展总承包上下游领域。紧跟国家政策导向，依托特高压、智能电网、新能源等技术优势，全面系统研判项目所在地政策、业主需求，在风险可控前提下，建设运营跨国及国家主干电网项目，稳步拓展新能源及生物质发电、储能、综合管廊等电网上下游领域，不断提升发输配用全产业链总承包业务实力。

三是提升国际工程总承包国际竞争力。充分挖掘国家电网内部资源，构建统筹协调、统一管理、优势互补、集团化运作的境外工程总承包项目实施体系。积极适应市场化、国际化经营管理需求，持续优化项目管理界面及决策链条，深入开展专业风险评估与内控评价。整合技术标准、计划、采购、专家管理等业务，积极推动管理手段向数字化转型，提升项目决策反应速度。优化人力资源配置，建立高效的项目管理团队，提高工程组织管理能力。

四是提升电工装备产品的国际化水平。推动特高压、智能配用电、控制保护和调度系统等核心高端设备的国际对标，着力打造一批具有国际先进水平、符合国际市场技术条件、具备国际权威认证的国际化产品系列，不断提升核心产品国际竞争力及整体解决方案供应能力。推动产品本土化运营和境外技术研发共同发展，形成并不断完善辐射全球的市场营销和服务网络，提升境外业务服务保障能力。

14.4.4 深度拓展国际交流合作

创新国际交流合作模式，深挖国际交流平台价值，不断完善国际交流工作体系。通过理念交流、经验分享、技术合作、标准制定等方式，宣传国家电网发展成就、理念和品牌形象，进一步打造电力行业国际引领者形象，提高国家电网国际品牌价值和国际影响力，助推国家电网成为世界一流电网企业。

一是深挖国际组织潜力。充分利用好能源电力领域重要国际组织，助力国家电网国际化发展进程。通过深入参与交流活动、深化国际研究合作、开展国际人才培养等方式与具有国际影响力的国际组织建立长期共赢合作关系，紧密跟踪行业发展动态，讲好国网故事，提供中国方案。发挥国家电网各专业部门和下属各单位作用，在专业组织中开展研究交流。

二是用好同业交流机制。深化与知名能源企业进一步开展深度合作，以双边合作框架协议为切入点，在配网规划、同业对标等领域拓展国际合作的广度和深度。积极组织系统内专家参与国际专业会议、技术论坛等活动，鼓励专家与国外同行、知名高校和科研机构开展技术交流与讨论，加强在学术领域互动，充分吸收国外先进技术经验。定期开展专题研讨，交流分享发展理念、先进技术和管理经验，加强“大云物移智链”等先进数字技术和能源技术融合应用等领域的国际交流合作，推动能源互联网建设，实现互利共赢合作。

三是积极主导国际标准制定。统筹规划国内外标准布局，打通国内技术标准管理体系对国际标准的支撑渠道。积极争取国际标准组织高级别职位，促进国家电网主导和参与相关国际标准制定。加强与国际一流企业在国际标准组织中构建利益共同体，推动相关国际标准制定。以优势技术领域为重点，大力推动中国技术和标准国际化。结合国家电网境外业务，推广应用中国标准，为国家电网开展国际业务提供技术保障和技术规范。主动加强与“一带一路”国家标准对接，在境外电网建设运营中推广使用我国标准，开展标准比对和适用分析，加强标准“软联通”，促进我国先进技术和优势产能输出。

四是主动参与工程技术管理咨询。充分发挥国家电网在电网规划设计、建设运营和资产管理等方面的优势力量，积极主动参与“一带一路”沿线国家电力工程建设技术和管理咨询项目，为相关国家电力能源行业发展提供一揽子解决方案。依托国家电网在配网运营、营商环境、国际对标、工程建设等领域的优秀实践经验，探索优秀实践国际化成果转化，在境内外推广“技术输出+咨询服务”模式，推广“中国经验”“国网实践”。梳理国家电网在能源转型和能效提升工作中的典型经验，结合国际能源变革形势和能源发展趋势，提供能源转型思路、能效提升策略和具体实施方法，为完善全球产业布局、优化国际能源结构，提供“中国方案”“中国范式”。

14.4.5 持续提升境外风险防控和合规经营水平

牢固树立国际化经营风险防范和依法合规意识，建立健全涵盖境外项目前期、中期、后期等不同阶段的全过程管控体系，完善风险预判、识别、评估、预警、应对机制，坚决杜绝发生违法违规事件。恪守项目所在国家和地区的商业规则和法律法规，结合境外项目治理规定，提高全员风险识别及应对能力，采取切实措施严防死守境外各类风险。有机整合财务稽核、审计监督、依法治企、巡视巡察等多种专业监督手段，建立健全监督工作会商机制，加强统筹协调，提高监督效能。

一是严格国际业务流程管理。建全国际项目全流程管理机制，严格管理，规范实施，在项目遴选立项、投资决策、项目运营治理、投资后评价等各个环节均明确管理机制。加强境外项目全面预算管理，强化境外业务会计政策管理。依托境外资金监控系统在线监督和资金安全定期检查线下监督，动态优化项目汇率风险应对方案，强化境外资金安全风险管控。以“一带一路”国家和地区为重点，结合国家电网项目投资地税务政策情况，强化境外业务税务风险管控。

二是加强国际业务法律审核。建立境外项目法律顾问提前介入机制，使境外业务法律合规风险防控关口前移、内嵌。完善国际业务合规管理体系，增强合规经营意识，严格遵守我国和所在国法律法规和国际惯例，规范开展项目审批、交易和运营，确保项目各个环节依法合规。加强国际业务审计监督机制建设，不断创新探索审计方式方法，为国际业务稳健高质量发展保驾护航。将反腐倡廉建设与国际业务管理深度融合，将开展廉洁风险防控评价有机嵌入国际业务流程中，探索建立覆盖全面、全员参与、全程管控、高效协同、防范有力的境外业务廉洁风险防控体系。

三是加强境外安全防范管理。全面落实境外安全生产责任制，督导国际业务相关单位完善制定境外安全防范机制和突发事件应急处置预案，逐级细化分解，严格落实落细。密切跟踪境外安全形势动态，变被动处置为主动预防，切实加强境外安全防范。进一步规范涉密文件跨境传输要求，严格按涉密权限做好境外涉密文件的接触、处理、传输和销毁等全周期管理工作。加强驻外员工派出前的安全风险防范和保密培训，牢固树立风险和保密意识。